ONE HEART, TRUE LOVE

与神同心

王季庆的最后八堂课

王季庆 著

华夏出版社
HUAXIA PUBLISHING HOUSE

图书在版编目（CIP）数据

与神同心：王季庆的最后八堂课 / 王季庆著—北京：华夏出版社，2013.9
ISBN 978-7-5080-7698-0

Ⅰ.①与… Ⅱ.①王… Ⅲ.①人生哲学－通俗读物 Ⅳ.①B821-49

中国版本图书馆CIP数据核字(2013)第147802号

《与神同心：王季庆的最后八堂课》，王季庆 著
中文简体字版 © 2013年华夏出版社出版
本书经城邦文化事业股份有限公司商周出版事业部正式授权，同意经由华夏出版社出版，出版中文简体字版本。非经书面同意，不得以任何形式任意重制、转载。

版权所有，翻印必究
北京市版权局著作权登记号：图字01-2013-0928

与神同心：王季庆的最后八堂课

作　　者	王季庆
责任编辑	张　瑾

出版发行	华夏出版社
经　　销	新华书店
印　　刷	三河市兴达印务有限公司
装　　订	三河市兴达印务有限公司
版　　次	2013年9月北京第1版　2013年10月北京第1次印刷
开　　本	670×970　1/16开
印　　张	13
字　　数	189千字
定　　价	39.00元

华夏出版社 网址：www.hxph.com.cn　地址：北京市东直门外香河园北里4号　邮编：100028
若发现本版图书有印装质量问题，请与我社营销中心联系调换。　电话：（010）64663331（转）

简体版序 / 1

繁体版序 / 3

第一堂　异客：独在异乡为异客　/ 1

　　每个人的一生都是一个故事，都是探险的历程，都是很独特的经验。而我为什么会走上心灵探索的不归路呢？我能够给喜欢新时代的人留下什么呢？

第二堂　求道：宗教与心灵的对照　/ 21

　　你只要跟他心领神会，就会有相同的体悟。而生活中的每一件事自有其发生的原因，它们都在教你一些东西；你自己要去感觉，为什么这样想、这样做，什么是重要的，你要慎思明辨，不是什么通通都可以相信。

第三堂　与神同心：成佛是不可避免的　/ 53

　　所有的修行，最终都是要我们"觉知"。处理外在的事情必须要用头脑，必须要努力；可是内在的世界是不需要努力的，只需要我们放下、臣服，需要接受恩典与随顺智慧。

第四堂　依爱随行：除了爱，没有别的　/ 73

　　他是"空"，可是包含万物，本质是生命、能量、爱。"爱"是内在的动力，"行"是外在的表现，不论是生活态度、做事、待人，都是依爱而表现于外，以行为而落实。

目录

第五堂　人生意义：真善美对应信望爱 / 89

真善的东西是美的，而用美学可以陶冶人的性情、宗教情操，可见美学是一个可以取代宗教的东西。真理像珍珠、水晶一样，非常的美，可是若被外面的东西框住了，就会有点失真。

第六堂　扬升于爱：挥别悲情 / 121

跟所爱的人分享美感经验，连心心相印也是心灵上的绝美；"美"是最大的疗愈，可以疗愈你心里面的伤痕。要扬升于爱，藉爱而提升，让心灵在天上飞，你就会很自由、很快乐、很喜悦、很轻松。

第七堂　价值完成：热情地活，平安地走 / 147

每一个存在、每一个活着的人，都可以完成他自己的价值，不用很伟大，只管在内心发现你所爱，把力气用在你所爱上。跳脱负面的影响真的很重要，除此以外还要找到那些真正能鼓舞我们、让我们非常喜悦的事情。

第八堂　2012：思天地之悠悠 / 173

我们需要一套新的心灵蓝图，并将其进一步伸展到未来里。回到你心里，你的"内在圣所"里，知道你是受祝福的，你是被爱、安全的。如果你保持这样的心情，你就会持续健康下去。

后　记 / 197

简体版序

非常荣幸,由华夏出版社出版《与神同心》的简体版。

虽然自诩为"读万卷书,行万里路"的外星人,对与人类和地球有关的种种——从古文明到新时代——都深感兴趣,但相信四海之内皆兄弟的我,还是深深受到华夏文化的浸润!"大道之行也,天下为公",《礼记·礼运篇》翩然大度的宣示,那么早以前便已深入于华人的潜意识里,想来真令人惊叹!

三十几年前,我因祸得福地接触赛斯、西方神秘学及新时代的哲理时,除了深感震撼并契而不舍外,更因为其中受到东方佛道影响的部分,引发了我莫名的感触:此生生于中华文化中,是多么幸运的事!与政治、权力、主义、派别无关,而是中华文化,其文学艺术方面的深沉底蕴和泱泱大度,从古老的百家争鸣、道家的洒脱,及传到中国后佛家发展为更入世、更开阔的"大乘"佛学……似乎与新时代的思想呼应。而我自己喜爱中华文字,由于其不求"精确",不是科学的文字,而是诗的文字,当描写哲理和情意时,本具"禅"的滋味。因此,我们比只熟悉西方文字的人,更容易感受和体会"不可说"的意境,即所谓"言语道断,心行处灭"的深奥与美感,这是我们的优势。

此书繁体版出版之后，感恩当下的精彩生活，我也为新时代思潮尽了力，于是已决意退休，不再积极"做事"。只不过午夜未寐，仍会思及还有什么可以贡献给世人的？

于是，我不量力地注册了"爱·和平"的脸书账号，只是想汇聚全球华人，无条件地为"爱·和平"投注心念，"集气"给这个普世的盼望，埋下一个敬天爱人的种子，默默影响世界，而不陷入任何造成分裂的权力名位之争！渐渐启迪转化人心。也欢迎各位无私地贡献想法和落实的方法。

最后，可以告慰关心我的读友们的是，我已脱离免疫系统失调的"诊断"，重拾自在愉悦的心情！

在爱与光中
王季庆

繁体版序

赛斯说:"当你爱一个人,你必须把那人放在心里,因此,在某种程度上,爱是一种冥想。"在情爱关系中,我常有这种"以所爱之人为冥想对象"的经验。当我回首往事,默默观照自己的一生,常常灵光一闪——我在这整理不算短的一生的种种挫败、胜利、快乐、悲伤,如七色盘般的变化转折,不正是以自己作为冥想对象一样疼惜的吗?

赛斯又说:"你想要创造性地探索被爱者的各面,于是那些本会显得是缺点的特征,也有了一种可爱的重要性。他们被接受,被看见。"

在内心里,我对自己是相当诚实的,虽然,我以前还为了藏拙,无法将心灵坦露。因为内向的个性再加上严苛的家教:在我16岁时,已返家的母亲送我八个字"守身如玉,守口如瓶",这使我只敢默默观照自己,生怕成为流言的对象。离家去台南上成大前,父亲的嘱咐是:不可参加社团。他并没有解释原因,我猜是怕树大招风吧!反正我都遵守了。我往往有意无意地将自己的不完美和种种缺点都掩盖在"天生的"低调下!

这几年来,不知什么原因,我们这一代人(约莫五六十岁以上的)仿佛纷纷为大时代背景或私人历程留下了一些记录。

我自忖内心影影绰绰留有嬉皮的余波，虽然，一如往常，我只是"地下"的嬉皮。本来就是个特立独行的女子，在十九世纪六七十年代自我流放在美国，虽然没有进入美国的主流社会，大多的接触都是透过书文刊物、电影、电视、音乐。不过，活在这东西方文化撞击出火花、新旧时代交替的时刻，亲身经历新时代思潮和生活态度的洗礼，并且面临铺天盖地的千禧年末日预言……自己真觉得是躬逢其盛，三生有幸啊！

由以下我真诚无隐的自述，认识我的人和不认识我的读者，或可有所借鉴，看见一个"不会笑的小孩"如何蜕变成由这系列演讲而浮现出来的"辣嬷"！

第一堂 异客：独在异乡为异客

每个人的一生都是一个故事，都是探险的历程，都是很独特的经验。而我为什么会走上心灵探索的不归路呢？我能够给喜欢新时代的人留下什么呢？

我是王季庆，人称王姐是也！（当年成立读书会时，学员朋友大多比我年轻，甚至可以做我的小孩。我说称"王妈"好像不太好，那就称王姐吧！）

今天现场这些朋友，好像有一半都是看过我的书，但因为没见过我本人才来的。除此以外，好像都是只因好奇所以想来听我的"生前告别"？

我的自我剖白、心路历程，将构成这八堂课的主题。

人生是探险的历程

人生就是一场场戏。最近Lady Gaga来台湾，如果是年轻时期未曾赴美的我，一定看不惯她的怪诞装扮与作风。不过，现在的我已经可以包容、欣赏一切。她说人间其实一直在开假面舞会。的确，若无伤大雅，有何关系？"自娱娱人"也未尝不是"破冰"的方法！

大概是在2009年，我先从发型开始作怪，人家见到我，先是大吃一惊，然后往往化为笑靥。这样不也很好！若是引人侧目、叫人讨厌，也只能说："辣嬷在此得罪了！"

我不是抱着很严肃的心情来讲课，只是想来分享我从小到大在人生中的种种历程。

为什么题目是"最后的八堂课"？因为2012年马上到了（注：上课时间开始于2011年底）。我个人是不相信有世界末日的，可是对于这独特的一年，很多人在心里有阴影。我也不知道自己会活到什么时候，我本来只预备活到2011年的……我没有自杀，只是感觉"这个时候"就是大限了。可是后来发生了一件很奇妙的事情（这留待以后会说），好像我被多赐予了几年寿命！只是，照一般想法，2012好像是个界线，如果在此之前，把我的经验跟大家分享，会显得求道、世间法或者是出世间法，并不是那么严肃、可怕，毕竟这些并不是要你交报告、修学分的事情。

每个人的一生都是一个故事，都是探险的历程，修到什么程度、喜欢学什么、从事什么职业，或如何找到你的志业，都是你个人的历程，都是很独特的经验，这是受到肯定的。希望大家上完八堂课以后，每天照镜子看到自己时，都是笑眯眯的，内心充满了喜悦、快乐、爱自己，若达到这个效果，我就很满足了。

我所创办的中华新时代协会已经成立很久了，我翻译书也很久了，从1980年至今，中间当然有所疏漏并偶有缺失，但我想做的事跟我能做的事，都差不多完成了。

我为什么会走上心灵探索的不归路呢？是因为我太怕死了，一提到死，我简直不敢想象，不敢碰触。只要一想到，有一天我会变得完全没有知觉，不知道亲人发生什么事，不知道这世界发生什么事，我就这样灭绝，从此像一阵风一样消失不见了……那怎么行呢！往往一想到这个，我就吓得要命，吓得躲在角落里不知所措。

现在终于不怕了,所以我会开玩笑说,我准备好,要走了。但回想这辈子,我活得蛮精彩、丰富的,想写下来让更多的读者认识我的多重面目,有什么感想、问题,或许还可趁生前交流一下!

现在最怕的是演讲,却又想给自己一个最后的挑战,所以先用"告别演讲"的形式与大家面对面说些知心话。

"理性"加"感性"

我年轻时一直很内向、很怕羞,这个不敢做、那个不敢做,但是那些"不敢做"的事儿都藏在心里。我大学的时候念成大建筑系,当时住校,四位室友都是北一女中毕业,但我们并不是同班同学,大学时一起住了四年,其中有三位是建筑系,一位是物理系。这位物理系的同学下课后常到我们建筑系来,因为我们系是全校唯一整夜不关灯的地方;我们系的学生常常开夜车,熬夜赶图。那时候没有计算机,建筑图都是用手画的,所以要训练很久。这位同学常常到我们系看书,所以,她跟我们相处的时间很多,并不只是回宿舍睡觉时而已。到了周末的休闲时间,大家也一起出去玩,彼此还蛮亲的。

大四时,有一天只有我们两个人在宿舍,她突然跟我说:"王季庆,你好像从来没有害怕过!"哇!我当下一惊,心想,我还真会演!其实我常常会恐惧害怕。不知道是我太会演,还是她太不了解我,我常想,她是在把"勇敢"投射到我身上吧！我很怕被人看穿我的脆弱，所以表现得很坚强，让人家看不到我的害怕。所以我不经常公开演讲，因为我心里真的觉得很害怕。

我一生爱好钻研心灵、哲学课题，就是起源于我的恐惧。从我36岁进入新时代的研究开始，我这辈子可以说以此为分水岭，在此之前是前半生，之后是后半生。我现在也年过七旬了，所以我说自己差不多可以走了。

在理性方面，科学、哲学、心理，我都很好奇，什么都要探个究竟；十八般武艺，样样都不精，书看得够多够广，也因此练就了一些功夫，只是从来没有一门深入就是了。大家以后如果要问我哪一门派的哪位大师如何如何，我都可以约略表达我的想法；至于理论方面，我翻译了那么多书，大家都可以看。我在学习过程中接触的各种派别，不管是宗教、哲学，还是东方、西方，都在我的第一本书《心内革命》中讲得相当清楚。

有人很好奇地问我："王姐，你到底是理性发达，还是感性发达？"其实，我想我两样都蛮发达的，只是理性显露于外，感性藏在我里面，人家看不见而已。

我从小就多愁善感。通常多愁善感的人会活得很辛苦，没有人可以诉说，觉得很孤单。我很喜欢"美"的东西，却又感到很悲伤，因为美的东西不能持久，比如春花秋月都是无常的。而最明显的是"音乐"，因为音乐就是一个个音符的组合，它的美还建立在一直流逝的乐章上！音乐是我的初恋，同时又离不了"伤逝"的感受！我也很喜欢"爱"，虽然那也是不能持久的，但因为死亡让人恐惧，所以我会用爱来弥补，以此来忘掉那个恐惧。

外星灵魂

我常常想，自己为什么总是坠入爱河？一直自觉或不自觉地掉进感情的漩涡中？最近几年才想到一个原因：是不是因为我是外星人（外星灵魂）啊！我想我大概是外星人，因为外星人不懂人类的情感到底是怎么一回事。理性那一面容易了解，科学讲究实事求是；但在情感那一面，如果不是地球人，就很难了解。所以我拼命恋爱，以为这样可以了解人的喜怒哀乐，也使我具有更多的同情心。

人因为情感而陷溺、悲伤、失落，心迷路了，就会觉得很失落。大家若有什么悲伤都可以跟我讲，我会接受并不判断，告诉你：这是理所当然会经历的，只是过程，如果你还在这过程中，那就表明你领悟的时机未到。不是说你永无翻身之日，而是时机未到，还没有足够的体会，还没有吃足苦头，还想再吃些苦，当你吃足苦头的时候，就OK了。我现在就很OK，很开心。以后，我会慢慢分享我为什么会有这么大的改变。

我以为自己是外星人的另外一个原因是，我总觉得自己没有归属感。全世界都跑遍了，到处都玩够了，在美国也住了很久，可是我在美国时没有想家，没有背井离乡的感觉，也没有乡愁。

我家是从大陆逃到台湾来的，我对大陆有一些记忆，可是没有乡愁；在美国时，我对台湾也没有乡愁；现在回到台湾定居很多年了，对美国也没有乡愁；另外，我对民族、国家、党派、派别，也没有感觉。我不属于任何一个团体，也不喜欢进入任何一个组织与派别；因为那样好像给自己画地为牢，把自己圈在里面，外面的人跟你不同，你就要永远防着外面的人，永远有一条界线在。

我仍然记得自己儿时还没冷气，夏天的晚上，我坐在院子里乘凉，看着满天星斗，就会有一种想家的感觉！觉得我的家是在遥远的星际。就像《外星人》那部电影，当外星人指着星星说"回家"时，我就哭了！那种"不知道家在哪里"的感觉如此熟悉……不过我实在不太喜欢外星人的长相，已经看习惯了人的样子，很难喜欢外星人；也许当我也长为外星人那样的话，就会喜爱外星人了吧！

不过，我又忽然想起自己那时会唱的一首歌："夏夜的天空像海洋，夏夜的天空像海洋！数不清的星星向我迎着笑脸，我说不出别后的思念……"可是，我母亲当时已不告而别，或许我思念的是母亲？也许两者在我幼小的心里合而为一了。

我在家里排行最小，上面有两个哥哥、一个姐姐，本来应该很得宠，可是我从来没有得宠。我不知道是自己有问题还是怎么啦？我也觉得很纳闷。可是，在我们家里是不可以谈这种事情的，我们家的人都是规规矩矩、正正经经、不讲闲话的。一直到差不多十年前，在一次机缘中，我才知道我真的没有被宠爱过，可那不是我的错！我大哭一场，别看我都已经一把年纪了，而且很久没那样痛哭了。

第一堂 异客：独在异乡为异客

为什么活了那么久都不快乐？原来我压根没有被期待生出来。父母怀小孩，期待小孩到来，心里有爱与空间给小孩，给小孩一个最基本、温暖的窝，不管是胎教期还是三岁以前的幼儿期，这都是非常重要的。小孩必须跟至少一位成人有一种较强的连结，这是变成一个正常人的重要因素，我没有得到，所以我才那么怪。

麻瓜一号

我为什么这么久不开课呢？我发现自己是麻瓜一号，我做麻瓜也要做一号，真是太过分了！进入身心灵这个圈子，大家都说要修行，除了在"法"（真理、知识）上钻研、理解，还要借种种不同的"修炼法"获得能量、提升意识，开启内在感官（第六感）。大家都认为，若要通灵，内在感官要很发达；连赛斯也说（他虽然没有非常强调），但内在感官是需要的，因为外在感官只能够感受到外面。

我五感蛮发达的，就是第六感不怎么发达，因为这个缘故我很自卑，曾经请教过一些通灵的人，希望他们教我如何通灵。有人说我已经通了，也有人说我通了部分，最后一关顶轮没打通，还有两个人说我入世以前就被设定成了不通。更神奇的是，还有一个通灵很厉害的人，他看到我的指导灵或高灵，就坐在旁边要跟我讲话，可是我都置之不理，于是指导灵不知自己是该跟他讲话，还是跟我讲才好。真是好漏气啊！身为新时代之母，我竟是个麻瓜，简直太不像话了，简直是无颜见江东父老!

可我倒是帮两个人真的打通了拙火,陪他们走过了艰辛的路程。因为我各门派的书看得很多,所以别人讲什么我都听得懂。可能也因为自己遍读各家并想办法融合,所以即使我可能没有那种相同的感受,但通过观察别人所经过的辛苦觉受,我也可以判断他是否真在那个过程中。

为什么现在才开课?本来,我的主要任务是翻译那些通灵的讯息、大师的讯息,可是从2007年一直到现在,会通灵的人、自称为大师、自认为开悟的人越来越多,每个人都说自己会通灵,甚至开始授课、为他人预言。但我是麻瓜,我能够给喜欢新时代的人留下什么呢?假如你不能通灵,也不用难过,因为我也没有通。2007年时,我亲身体验到自己好像有点通灵的感觉(以后再详谈那个经验),体验后,我真的变了,变成今天这个我。不管你喜不喜欢,我比较喜欢现在的我,很开心、不与人争、不自卑、不自傲,做我自己就好。

与神同心

我可以问问在场的朋友,有人以我为偶像、崇拜我吗?这个问题问得很狡猾。假如大家说崇拜我,我可以说:我不接受崇拜,那就可以下课,不需要讲下去了。因为我不喜欢人家崇拜我,也不赞成"崇拜"这个观念,但要是没有人崇拜我,也很没面子,我可以下台一鞠躬,大家就可以走人了……说这些只是想让大家笑一笑,因为有人说我平常讲课时显得太严肃了。我不希望你们以我为偶像，所以才跳起心灵的脱衣舞，以真实不完美的自己与你们交流。

很多人都认为自己可以与神对话、与佛对话、与高灵对话，觉得自己可以接上那些神、佛或高灵。我并不否定，也没有资格否定任何人，除非我在他之上，才能去判断，对吗？对我而言，我到2007年才恍然大悟，那个神就在我心里，而不是在我的脑子里，也不是在我的中脉里。他的爱充满我，我感觉非常自由、非常快乐。所以我说"与神同心"，也就是说，不需要再去揣测他或与他对话。

有趣的是，这时我刚好看到一份还没出版的书稿，是出自一位荷兰籍约60岁的女通灵者，她之前曾出版过《灵性炼金术》一书。我一看书中的内容，真是讲得太对了！很多内容都让我心有戚戚焉。我最近看到的都是这样的说法：不要向外去追求偶像、大师或是派别。当然，在学习的过程中，你可以把某人当老师、学长、这条路上的先行者，他们身上总有值得你学习的地方。

记得她先写了一个小传。她从小就对宗教很有兴趣，可是她的家庭、父母并没有提供这样的环境，她不知道自己为什么这么喜欢看宗教类别的书。她进大学时就去念哲学，宗教、哲学她都念得很好，可是在谈恋爱的过程中她发现，光是理性上的理解是不够的，于是她心里就有了越来越多的矛盾和问题。她书念得不错，哈佛给她奖学金，她就从荷兰跑去哈佛。但她依然觉得很苦闷、孤单，不知道自己该怎么办才好，因为她研究的是科学哲学，觉得跟自己的心灵离得很远。

我为什么要讲这一段？因为她后来看到赛斯书系列了，在美国接触到赛斯的书后,她就喜欢上了赛斯书。她历经各种感情挫败,并遇见一位灵性导师,最后也通灵了,通灵后她写了两本书。

她通玛丽亚,还通乔舒亚。乔舒亚就是耶稣,不是基督,乔舒亚是耶稣的犹太名字,基督是神子,耶稣是人子。我非常喜欢她讲的这几句话:"我们之间的沟通已经不再是对话,而是一种能量上的谐调,这个能量上的谐调带给我意识上的明晰和宁静,他的能量就是我的基准点,帮助我与灵魂的神圣核心建立连结。"所以,如果你是通灵者,当然恭喜你;假如不是通灵者,你也可以透过这几句话得到慰藉。不管是哪一位求道者,你只要跟他心领神会,就会有相同的体悟。修那么久之后会发现,每一本书所讲的虽然有不同的技巧、过程,但你追求跟得到的体悟是一样的,所以我说"与神同心"。

新时代七要素

刚才问了一下大家,并非每一位都已深入新时代思想,因为担心有人不知道"新时代"是什么,1989年开始经由方智出版社出版"新时代系列"时,我就以自己写下的一篇总序为本,提纲挈领地说了说什么是"新时代"。

新时代有七个要点:

第一点,我们皆为神的一部分

这个"神"并不是在外面的东西,他是一切,我们都在他里面，他也在我们里面，所以"一即一切"；和旧的宗教观念不一样，宗教的神是超越的，认为他是在我们上面，根本不在同一个层次。而无论是赛斯、尼尔或任何其他新时代的大师或开悟者，却都认同"神是一切、是本源，而我们都是他的具体显化"。

在"法"上的主张是如此，而在修行的过程中，借由"合一"的体验，也真的证实了此点，以后我再详述。

第二点，你创造了你自己的实相。

你用你的念力、你的信念，创造出你所经验的一切；连你所经验、接触的物质的实相，都是你创造的。很多人以为这句话的意思是：一件事情的发生，只是你的解释、他的解释不同而已。其实不只喔！是你由内而外、深入其中创造出来的，既然是你创造出来的，你就要承受后果。如果不知道这一切都是你自己创造出来的，你就会充满哀怨地追问："为什么这件事情会发生在我身上？"我们常常会听到这句话："为什么是我？我又没有做什么亏心事，为什么是我？"我以前也常常怨天尤人。看了赛斯书以后，如果我们还常常怨天尤人、不注意自己的内心，看书就失去意义了。

所谓的修行不是修佛或别的什么，是修觉知。你要认识自己，要觉知自己的思、言、行，因为你就是靠思、言、行创造你的一生，创造你的命运，创造你的一切关系。如果你能有觉知，就不需要向外去找理由与解答，而是回到内心，问问自己，为什么会创造出这样一个让自己不舒服的实相。一般人在快乐时就不会多花脑筋去想，只管让自己享受就好了。不快乐的时候就会回头想一想，到底发生了什么事情，让我这么迷迷糊糊地害我自己！

第三点，肯定人生的意义。

很多负面的想法使我们觉得活不下去，例如有人对每天要煮饭、吃饭、倒垃圾、上厕所，等等，感觉烦死了，还要应付别人对你的投射，以及回看你自己有没有正确的响应。于是，就会感觉自己很难在这个物质世界里活下去。但在心灵方面，生活就会变得比较容易，当你一旦有了觉知、体会以后，就会觉得其实很自在、很快乐。很多负面的想法会影响你的人生观、你对人生的看法，以及你能不能好好地在人生中快乐地学习而不是痛苦地学习这个结果。

人生是有意义的。从你的创造与体验中，你知道你为什么来？来学什么？如果我们已经开悟，非常有智慧、同理心、慈悲心，那你本不用来，因为，你已经脱离轮回这个圈子。当然，有些人是已经开悟，来做导师、来教导示范的，可是99%的我们都不是。我们是来学习，以便把所有东西都学会了再离开的。也有大师说，做人并非为学习，而是来"忆起"我们本来就是神的一部分，忆起本自具足的智慧的。

那么，不用担心，不管每个人现在是几年级，都是过程，这一辈子不会是第一次，也不是最后一次。一般人都还是在学习、忆起、体验，所以，不用批判别人做得好不好，只问自己好不好，如人饮水冷暖自知即可。

第四点，道德的内在性。

要做好，不是因为有法律要维护社会安定，也不是因为父母师长教导，甚至不是因为宗教上要修功德，这些因为规定才做的，都是造作。

当你真的相信并体会到人性本善，了解有时候黑暗是衬托光明，看来不善的自有其原因与道理；当你找到内心的性本善时，你会按照那个心、那个爱来做人处世，而不是因为道德。一般所谓的道德只是社会的规定，而这类传统道德都是为了应和当时的观念和需要，不是你心里面自然的善念。而道德的内在性，讲的是"自律道德"，而非"他律道德"。

第五点，身心健康是种自然状态。

我70岁了，有点衰老是自然的。赛斯尤其坚持（其他大师也常讲），我们心里有问题、瑕疵、不快乐、不满足时，能量堵塞而不觉知的时候，才会生病，生病是你让自己觉醒的一个方式。所以我们常常说，一个人得了病，那病就是要让他醒过来的"当头一棒"。

其实，生病是危机更是转机，如果觉得生病令你很难受，就赶快趁机解决一下背后的问题，这是一次学习的机会。

并非"苦修"才是修，我觉得那才是否定人性的；我们的身、心、灵都要被照顾到，不是只飘在半空中，只重视心或灵，一副自以为清高的样子。（嘿嘿，好像有点骂到我自己喔！）做人就好好做，好好体会真善美在人世间的展现。

第六点，环境的保护。

以前大家不怎么注意，但这点现在越来越重要了，这也是有目共睹的事实。

这个地球是个活生生的生命体，而身为其中一分子的我们，在享用其物产之余，没有抱着感恩回馈之心，反而滥用物质，经年累月下来，几乎掏空了天然资源，还造成了雨林加速消失、两极融冰、海平面高升淹没陆地的情况，更别说气候的失常、大气层的黑洞等说不完的恐怖现象了。

美国前副总统戈尔的《不愿面对的真相》还没有唤醒大家吗？这件事关乎全世界全人类的存亡，人人有责啊！

第七点，无条件的爱。

以前我觉得，"无条件的爱"是理想、梦想，在人间很难做到，我自己的爱也常常是有条件的。条件有各种各样，尤以"利"最多，是很现实的。而我真的体会过无条件的爱，那就在神跟你之间，或者是你跟你的存在、高灵之间。你"本源"的爱永远没有离开你，他一直在你内在是充满的状态，只是你不相信。

你可能会想：怎么可能！我们那么不可爱又有那么多毛病！觉得自己不完美、不值得爱，所以会拒绝去感受，也拒绝去相信。这样的话，即使他"在"，你也看不见，因为你没有感受到。

以前，这篇"总序"一直在"新时代系列"的首页，那时，我上楼躲在书房，振笔疾书，让胸中早已酝酿了很久的东西流泻出来，至今看了，还是觉得讲得相当中肯。

永难忘怀的"见光"经验

在新时代的领域，"外星人"是之前我没有提到的。很多谈外星人的书不能证实什么，而且很多都是很负面、黑暗、可怕的。我不要与之为伍，也不觉得"外星人是怎么一回事"有那么重要；可是现在，美国、英国都解密了，真的越来越多的讯息证明，真有外星人。

以前二次大战时，很多有关看见飞碟的消息都被封锁了，可现在解密后，证实确实有这样的事情，而且这也关乎我们以后会怎么样。

我相信他们是怀着善意来帮忙的。大约在赛斯数据的第七百多节，赛斯说：在苏美人时代，幼发拉底河与底格里斯河的两河流域文明时期，"我们"（外星人）就来了，来帮助人类，为人类教农耕技术、生活技术，等等。

对历史有兴趣的人若去研究人类早期的历史，会发现，当时的科学、艺术、金字塔的造诣等，都是超乎想象的，那些成就即使用现在的技术与科学也达不到，这到底是怎么一回事呢？而且赛斯讲过，未来有需要时，"我们"还会再来援助人类。近来，这类讯息和电视节目越来越多，又有许多新发现，真的值得我们注意！

我还曾经看见过光，那让我非常感动，非常心安。虽然我没有通灵，但我也曾有过非凡的感受。1976年，我还没有回台湾以前，已经读遍所有有关灵魂、玄学方面的书。自己跟着书本做练习，白天躺在床上，并没有睡觉，只是彻底地放松……忽然耳边风声飒飒，好像坐上了云霄飞车，吓得我差点跳起来。

于是，我联想到书上讲过"出体"的情景，于是我放心地告诉自己：别动，不要把自己拉出来。后来，我终于停下来了。当时，我整个人都沐浴在光里面，非常亮的光，比任何日光或任何人造光都要亮，那是白色带金色的光，极亮却不刺眼，不单是物理性的光。我当时觉得：那就是了！就是这个光！于是我就安下心来。他是有意识的，他是爱，中心好像有模模糊糊的一团光，但不是人像，你感觉到自己完全被了解、被拥抱，完全平安、心安，没有任何的烦恼、恐惧，只有无比的喜悦！我永远不会忘记那一次的经验。

我也常常有感受到能量的经验，会感觉到自己被一股能量所笼罩，有种热热的感觉。身上有时也会有热能量跑来跑去，甚至由腰到后颈像有一根炽热的柱子在上升。感觉有些像"拙火"上升，却没有那些像发病似的痛苦、恐惧的过程。多年前一位自诩"拙火"已开启的好友，说她已帮我打开了拙火，我也不知道那是不是真的，但我能感觉到心满意足，这样就够了。

万法归宗，真理就在日常生活中

我抱着很开放的心，什么书都看，但我还是最喜欢赛斯。为什么一直喜欢赛斯？好树生好果，欧林的灵媒就是受赛斯启发的，玛丽亚跟乔舒亚的灵媒也是受赛斯启发的，还有《吸引力法则》的作者亚伯拉罕，我在美国听到人家访问他，他说他看赛斯，也喜欢赛斯。

我们也不用只推崇赛斯，但赛斯的确可以为你打下很好的底子，他非常的中立、平衡，没有任何邪见，也不是要你崇拜，他是完全不批判的。赛斯的"早期课"说《赛斯数据》是一本事实之书，并没有添油加醋。可是赛斯所讲的内容实在太多了，范围之广之深，像一个大线团，任何一个线头拉出来都拉之不尽，这些线头在球里头又会被绕成一团。

赛斯一开始就讲了很多，科学、心理学、历史、地理、宗教……什么都讲，包罗万象，广博深远，你不知道从何说起，好像从任何一个地方都可以开始说，所以，没有办法整理出由浅到深的规则，而且没有先修班、进阶班。在所有这些新时代的数据中，他讲得最中肯、最真诚，而且带着很多的保证、肯定与爱。

赛斯是一个存有（entity），是保护与爱我们的高灵。有关赛斯，大家可以先看我的《赛斯让你成为命运的创造者》这本书，也可以先读别本，因为没有什么入门、先修，他的书总是直接深入。别的书大多是慢慢的，不会马上讲得很深入，像《与神对话》我很喜欢，可是讲的还是"人"的范围，譬如人、社会、人心、宗教，讲人类创造出来的一些组织、理论，比较少讲到超乎人类的部分（参见《后记》）。

我刚开始成立新时代协会的时候，并不被大众所了解，别人根本不知道我们在干吗！我翻译好多本书之后，才出版了《心内革命》，因为出版社说，读者一直在问：什么是新时代？于是我才写了一本较浅显的书，来介绍新时代各家的思想。

现在，很多人都已经了解什么是新时代，而且，即使不知道理论或不知道各派别的中心思想，在心理上也比较容易接受，因为很多涉及心灵的电影如《阿凡达》，等等，都在无形中传递着这些讯息给大家，一般普罗大众慢慢接触到以后，就会有熟悉感，也比较容易接受。

以前总觉得有赛斯就好，不需要别的新时代的书，他们或者是讲究"术"的，或者是讲究修行、讲究技巧的，看到这些，我就会想，这是真的还是假的？是唬人的吧！自己也会比较担心，就有点不想接近。可是后来发现，每个人都在道上，不用去批判别的宗教、别的派别，或去批判没有宗教信仰的人。我们是万法归宗的，"宗"就是神，就是一切万有，就是"生命"本身，就是真理，就是真、善、美，那是我们人类无法去界定的。

人类很大胆、很自以为是，总是以人的眼光去界定：这个神、这个佛怎么样，这是管什么的神佛等，好像神是由我们分配、封官似的。其实，我们管好自己就好，虽然对一般人来说，要做到这点也并不容易。所以赛斯或新时代提倡说："认识自己，就是认识神！"从自己开始认识比较容易些，总比认识神容易，因为神那么缥缈、伟大、巨大，我们从认识自己开始就好了。

我的这八堂课其实很简单，只是要跟大家分享在"我如何认识自己"或"我如何接受自己的不完美"之后，我的内心得到了怎样的喜悦。我不想谈大道理，真理就在日常生活之中，神佛就在每个人的内心。

第一堂　异客：独在异乡为异客

真理就在日常生活之中，
神佛就在每个人的内心。

第二堂 求道：宗教与心灵的对照

你只要跟他心领神会，就会有相同的体悟。而生活中的每一件事自有其发生的原因，它们都在教你一些东西；你自己要去感觉，为什么这样想、这样做，什么是重要的，你要慎思明辨，不是什么通通都可以相信。

宇宙时空浩渺，大家有缘来相见，今日能齐聚一堂，缘分非同小可。在此一起分享一些灵魂的经历，互相帮助，相信会对我们每个人都有所助益。

　　今天要讲的题目是宗教与心灵的对照——求道，主要讲我的人生怎么会走到这一步。我想很多人在碰到困难、打击时，最常追问的会是："为什么是我？为什么我会有这么惨的遭遇？"或许到了我这个年纪，就会知道为什么了。不过，越早知道越好，就不会感觉那么痛苦。每个痛苦都带给我们一份伟大的礼物，就看你能不能察觉到，若能察觉到这是一份礼物，你的内心就会非常感恩。

　　大家知道我的年纪不小了，但我现在反而比小时候开朗、开心。年纪算什么？根本就不重要，只是一个数字。

　　你喜不喜欢你现在过的日子？你喜不喜欢现在的你？你有没有安住在当下？这才是最重要的。

　　以前我老是觉得，自己这辈子过得蛮惨的。最近跟一个好朋友说，我的"惨"都是我自己创造出来的；假如从外在世俗的角度来看，其实是看不出来我哪里惨的，因为我家庭状况蛮好的，一辈子算是顺利的，也经历了结婚生子等，可是事实上那都是表面现象。我自己为什么创造出这么多悲惨的遭遇呢？我觉得是我的高我在踢我："这个冥顽不灵的王季庆怎么记不得自己要来干吗？还在这世上混日子！"

不过这个历程也让我觉得很开心。我因此比较了解人性，比较了解什么叫做苦、什么叫做痛；也比较具有同理心，（注：心理学里empathy的中文译为"同理心"，其实我暗暗感到别扭，因为pathy来自希腊文patho，是令人产生悲悯之心的意思。而em是"同"，所以应该是"同感"、"同情"，怎会是"同理"呢？"理"应是心智上的理解和思考吧？）当别人讲他的痛苦时，我也体验过，起码那种痛苦的感觉我有，我知道你痛在哪里，我能够倾听你，能够陪伴着你。

乱世、家事、往事

我出生在重庆，排行老四。"季"是因为伯、仲、叔、季中的第四就是季，"庆"是因为我的出生地，所以叫季庆。到2012年以后，我要改名日庆，每天都在庆祝，多活一天就多庆祝一天。或者还是叫天庆好呢？叫国庆也不错！

在那个战火连天的时代，天天轰炸，炸得一塌糊涂，能活下来就算不容易了，况且我在山里出生时根本没有接生婆。

我的叔公（我爸爸的堂叔）是留学法国与英国的法学博士。回来以后就在政府单位担任要职，他那时候兼了五个职位，参与国民参政会，担任外交部长、蒋介石的机要官员，等等，一直在工作，非常忙碌。我爸爸本来是乡下孩子，来自山上也是山里面的小孩，后来因为书念得不错，中学时就到了北京，寄居在叔公家，一路念到北大。他把叔公当做自己父亲一样敬重，毕业后担任叔公的秘书，公事、私事皆一手包办。因为叔公的孩子比较小，所以我父亲就像他家里的老大一样，里里外外帮着做事。

我为什么讲这些事呢？因为这些与我的故事关系重大。我父亲好像一辈子都以侍奉两位老人家为生活重心，可是，婶婆（我称她为奶奶）似乎像个不满意我母亲的婆婆，中间梗着我不知道的什么。多年后父母离婚，她热心替父亲介绍女友。父亲那么忙，所以几乎都不在家，办公地点在政府的要津，对面就是中国共产党的领导，他们当时一直在联手抗日，但国共斗争也很激烈。父亲复原后随国民党政府迁回南京，后来才逃到台湾来。到了台湾以后，我爸爸从此唾弃政治，辞去公职，自己开了一家出版社，可是他还是会帮叔公料理私人的事情。

我儿时因为父亲常常不在家，对他没有什么印象，也没有多少记忆。上一堂我讲过，小时候我家里的气氛是很奇怪的，我小时候的照片看来也一脸早熟，虽然是小朋友，可是脸上丝毫看不到笑容。

我六十岁那一年，大哥、二哥、姐姐，分别从台湾和美国打电话聊天，聊完后大哥打电话给我，告诉我说他们聊了些什么事情。大哥大我七岁，对当时的记忆也是模模糊糊的。他说，我生下来不到一个月，妈妈就离家出走了。那时，平常爸爸周末才回来，礼拜天会在家。有天早上，大哥起床后发现妈妈不见了，他跑去问邻居，邻居说我妈妈到阿姨家去了。我当时哭得死去活来，哭到昏过去，那时候我还在哺乳期，平常妈妈也没有给我喝过奶，因为她那时候身体虚弱到没有奶水，抗日期间民生疾苦，也没有牛奶可喝，听说我小时候就是喝米汤或糖水活过来的。

当时我哭到昏过去，大哥急中生智掐我的人中。原来，人昏过去时，掐人中可以把人唤醒（或者扎指尖也可以）！这件事情我以前就听过，可是再听我大哥他们谈起才知道，原来在生我之前，妈妈跟爸爸的感情已经破裂。妈妈本来就是要离开的，但是过了两个礼拜她又回来，因为如果她不在，我可能活不下去。爸妈他们自此以后虽然同住一个屋檐下，但已没有夫妻之实，一直到我十岁，妈妈才再度离开。

我好疼惜妈妈，因为我从小就跟爸爸感情淡薄，他也从来没表现过温暖或爱，我最依恋、最黏的人就是妈妈。那时候我觉得妈妈很可怜，虽然美丽又优雅，可是她有一种疏离的感觉，不是一个热情的人。我哥哥就说，妈妈总让他感觉无法了解的样子……我了解，我知道她就是这样单纯、不喜欢说长道短、不会串门子打哈哈的人，但我还是很爱她。

2000年时，我妈妈还在世。而大哥在那年的那天说了这些往事，虽然事隔已久，挂了那通电话以后，我还是大哭一场，也不知道是哭我妈妈还是哭我自己，只是觉得，我这辈子为什么是这样子？父母之间的问题以及家庭的变故给我造成了很大的阴影，我一直很忧郁，在家里不能够跟任何人聊，认为这个世界上没有人了解我，没有人关心我，没有人爱我。这么小一个女孩子在家里是不可以问这些问题的，大家好像也有默契似的都不敢讲，从来不讲，直到我六十岁那时才讲开，你可以想象这个家里面的气氛得有多闷。

第二堂　求道：宗教与心灵的对照

孤单的小孩

我们刚刚来台湾的时候,全家借住在台中亲戚家,父亲则只身北上找工作。

父亲离开政府职务后,还在思考自己要做什么工作。哥哥姐姐都比我大许多,他们都有自己的朋友,常常出去。我当时大约七岁,还不能去哪里,如果妈妈也不在,就只剩我一个人在家。一个人的时候,我就胡思乱想,甚至想到死亡的问题,孤零零一个人的时候,怕鬼又怕死,有种不能想象的恐怖,完全灭绝的那种恐怖!

那恐惧埋下一个种子,让我不得不去找出路,怎样才能让心里不害怕,不要还没死就活在地狱里。

后来,在我小学四年级的下半学期,我们全家搬到台北,住在大安区,我改为插班北师附小。

去北师附小插班时算数考了除法,我还没学过除法,当然就不会了,其他倒是都考过了。进了北师附小才念一学期,我已经是班上的模范生了。记得学校有位李老师,她很喜欢我,对我很好。

搬到台北不到一学期,有一天我放学回家时,母亲已离开家了。我也不知道前因后果,只知道妈妈不见了。家中气氛冰冷凝固,诡异得很。老师告诉我,她在报上看到了我父母的离婚启事。对于父母离婚这件事,我噤声不敢问,就闷着。那时候发生了我这辈子永远清楚记得的便秘事件,那次我便秘到很严重的程度。后来我才知道这是郁闷造成的!我以前只要一讲到小时候的事情，就会一直哭，心里一直有很委屈的感觉，挥之不去。

我在高一时和好朋友一起去看一部电影，叫做《伊甸园东》，是根据斯坦贝克的著作改编的。看完后我从戏院出来，一路哭回家，朋友说："你怎么啦？"这真是让我太痛苦了，电影内容讲道：一家失和，妈妈不知道到哪里去了，老大受爸爸宠爱，老二怎么努力也得不到父亲的爱，每天吃完晚饭就念《圣经》。嘴里讲道德至上、伦理至上，可是私底下做了什么呢？所以，我觉得那些道德跟面子都是假的，用《圣经》、戒律教育你，可是自己做了什么？

除了我母亲不在了以外，我父亲的不公平也发展到了极点。他人是很好，看别人很清楚，却看不清自己，因为他从来没发现自己不公平。直到有一年在美国时（那时候我爸妈已经移民到美国去），有一次他跟姐姐说，我的嫂嫂对三个儿子不公平，宠一个却不喜欢另外一个。我姐姐听后一愣，因为她看到我爸爸一辈子都是不公平的，而爸爸最疼爱的人就是姐姐，她最得宠，所以她才敢对爸爸讲："最偏心的是你耶！"爸爸大吃一惊："我偏心?!"当下生气地离开姐姐家，跑到另外一个地方去了。

这是她后来跟我转述的，我当时并不在美国。人是很难有自知之明的，我们常常挑别人的毛病而看不见自己的毛病。我现在尽量不挑别人的毛病也不挑自己的毛病，可是自己有时候还是会犯这个毛病。

以角色来体验人生

得了"模范儿童"奖不一定是好事，我因此上了瘾，这辈子很自立自强，大人不必告诉我应该读书、应该做什么，我就已经用功到让他们受不了了。我后来考上了一女中，考试前我很紧张，因为姐姐跟邻居姐妹都考上了，假如我考不上，不是很丢人吗？考上以后第一学期就得了第一名，这下糟了，我上了第一名的瘾，什么都要第一名。

初中时全是第一名，高中就没有了，高中时有一个人我怎么样也比不过她。

我是德、智、体都得甲等，这样可以获得将照片挂在学校进门大厅处的奖励，但有时我也会因身体不好，没办法全勤。不过初中、高中六年，我也曾被"悬赏捉拿"（当时开玩笑的说法）好几次呢！我这样好像有点炫耀，但是你看我现在，也不怎么样嘛！可见小时了了大未必佳。

我劝大家不要追求完美，因为我觉得这是一个充满瑕疵的世界，你没有瑕疵就不会来地球，地球就是一个戏院，要自编、自导、自演，就像演教育剧。或者你去上学，学习你需要学习的东西；或者经由书本学习；或是经由关系对待，学到种种知识，历经喜怒哀乐，学到人生的历程。这都是应该的，每个人都有他的设定，都有他的角色扮演。

我现在的感觉是：不要太认同我们的角色，要靠着角色来体验人生，也要体验美好的，不要只体验糟的。要庆祝美好的，让自己越来越自由自在、快乐。不要像我常常为了体验，创造一些莫名其妙的痛苦遭遇，也怨不得人。

我们家里的家教蛮严格的。我们在台北住的地方，是座日式房子，住家和出版社是在一起的，客厅兼爸爸的书房还兼办公室，我们住在另外三个不大的房间，全是通的，因此即使气氛不好也逃不掉。我在家里不太爱说话，可是在学校里就比较活泼，因为表现不错还深得老师喜欢，他们对我的评语是"动静得宜"，但到了家里就不怎么讲话了，痛苦的时候我就唱歌。

那时候我很会唱歌，有人打电话来时，还误以为我家正开着收音机，其实是我在唱歌。当时我嗓子不错，后来唱坏了，真的，我一直唱，唱到高中后，有一天突然嗓子唱坏了，声音就不再那么润了，越来越差，高音上不去、低音下不来，只能在一个有限的音域，太低或太高的都不行。记得好像有一次，我发烧时还在同乐会唱歌，之后喉咙就卡住了。我的耳朵很灵，不会唱走音，虽然已经唱不出来，但是别人如果走音我会立即知道。对于声音，我特别有记忆，喜欢的歌曲听过就不会忘记；可是现在，卡拉OK我也不去，因为心痒痒地想唱，却完全不成调，很惨！

以前，我一直觉得父亲很严肃。但后来想想，他其实算蛮温和的，从来没打过我们，只是他的样子很严肃，他不爱我，所以我会怕他，从来不敢向他撒娇。他的朋友特别喜欢他，都说他是圣人——不只是普通好人，是圣人——因为他把别人的事都当成自己的事，总是尽量为人请托，经常帮助别人，可是碰到自己的事就没辙，不求助，更不妥协。现在所谓的

第二堂　求道：宗教与心灵的对照

"牛"——绝不同流合污,因此吃亏只往肚里吞,这好像是叔公以降,王家人的特色!我后来一直在找答案,应该是:他要像中国古人学习,做很谦虚的君子,自我要求很高,所以他对我们的要求也很高。

他把我们都当做是在他自己的控制范围中的:我是一家之主,是爸爸,这些人都是我的。他不自夸也不称赞我们,他只称赞别人,称赞朋友的小孩,即使他们比我差很多。我不是骄傲,是真的,某一次他拜把兄弟的女儿到我家来,他说:"你看她多好呀!还不多跟她学学!"我心里想,奇怪,怎么会这样讲?这样不是很虚伪吗?你不用夸我,但你也不用把我贬得比人家差,事实不是如此吗?我一直得第一名,德智体都很好,你还要我怎么样?说这些实在是件很痛苦的事情。

我爸爸喜欢看英文的《读者文摘》,每期都有一篇励志性的真实故事,他会讲给我跟姐姐听。他故事讲得不错,很好听,可是讲完后一定要问我们,从中得到的教训是什么?真的很倒胃口。所以我现在很不喜欢说教,你看到、你体会,你可以学到什么就学到什么,你学不到,那也不是我的事。如果一直说教,反而会有反效果,表面敷衍其实只是迎合你、讨好你,并不一定真能学到什么。

在小学时,有一次姐姐和我被告知妈妈到台北来,住在她的一个朋友家,让我们去看她。我们就撒了一个谎,我们好高兴又忐忑不安地偷偷跑去看她。回来以后,爸爸不知怎么发现了:"你们到哪里去了?看妈妈去了?那你们为什么要说谎?就跟我讲你们去看妈妈了啊。"我们当然没有反驳,才不敢呢！但是我心里想，假如我们说了，你会让我们去吗？因为，家里从来没有给我们沟通、解释的机会。我们不知道发生了什么事，又把见妈妈当做是件不可说的事情，我们当然要说谎。但在我们家，"要诚实"是第一戒，说谎是绝对不被允许的，所以我们就被臭骂了一顿。

我读北一女中的时候，中学是六年制，我直升高中，不用考试。初三时我母亲回到家里来，因为父亲心脏病开刀，哥哥说服她回来住。我母亲离开期间也没再婚，跑到静宜大学的附设幼儿园去教外国小朋友，因为她年轻时在北平念的是教会女中，修女们是用英语教学，所以她的英文蛮好的。她回来照顾爸爸，可是他们之间还是有隔阂。我很佩服我妈，在隔这么久之后，还是愿意回来照顾我爸爸，这个家好像又变成一个完整的家了。

罪与恐惧

初中时，我已经受洗进入天主教，我看了很多圣女、圣人的传记，我又是个追求完美的人，很羡慕这样的德行，不管是圣德还是他们在人间所行的善事美德，我都觉得太棒了，可是我也很自卑，觉得自己不可能像他们那样，真的很仰慕天主之圣道，我也喜欢那些美德。

从小学到初中、高中，我把文学名著都看遍了，那时候情窦初开，不免怀有种种浪漫的幻想。

当时每周望弥撒，要无罪才能领圣体。天主教的圣体是指祝圣后的面饼已成为耶稣的肉体，即所谓"吃我的肉喝我的血"，在基督教只把这当成是一种纪念的仪式，并不信以为真，天主教却很严格且当真地执行。

要领圣体的人必须没有罪，否则去领圣体就犯"大罪"，所谓"大罪"就是死后要下地狱，当然，你去告解，被赦免后就没罪了。可是我后来发现一个问题：去办告解前要先反省，先仔细想你有哪些罪，列举出来，于是我就越来越神经质，我的毛病也就出来了！因为思、言、行都要反省。"行"比较简单，你可以很清楚自己有没有打人，可是"思"，谁知道？连我都搞不清楚。你越抗拒一个想法，他越来纠缠。你觉得这是不洁的想法，拼命地想要抗拒，可是什么叫"不洁"呢？又很难讲。

所以，那时候我的脑子很混乱，越混乱越急，越手足无措，也不清楚自己有几次不洁的想法……这很恐怖，假如你的告解有所遗漏，就是欺骗，欺骗就是大罪了，你去领圣体更是罪上加罪！你当场如果不死还好，死了就下地狱。可是如果你害怕所以不去领圣体，那每个人都知道你有大罪！

这个磨难在我心里面投下很大的阴影，如果没有经历过，你不知道那种恐怖。假如你真的相信是这样，那不管你是在人前还是神前，你都不纯洁、不完美、不圣洁，都是有罪的。可能刚刚办完告解，又马上来了一个不该有的念头，怎么办？你要再回去告解一次吗？我的神经就是因此而越来越衰弱的。

后来办告解时，我往往冷汗直流！最后终于受不了了！有一次，我在神父的办公室里跟他说我这个问题。神父很好，也没责备我，当然他的经验比我们多，他说：你这个是细心病，太细心了，拿着放大镜、显微镜检查你自己有没有罪。后来我学习咨询时了解到，这是"强迫症"，所以我也有强迫症的经验。

"强迫症"会把自己搞得死去活来，越不该去做的事情，你越会"认为"自己想要做，你会觉得自己有这个欲望，很想做一些坏事。可能是这个缘故，我后来就越来越疏远天主教了，因为在那种心态下，我觉得自己根本不能符合那种严格的要求，很难活下去。这也算是件好事，让我体会到什么是强迫症，也更理解有这种感觉的人，我知道那个感觉有多么恐怖。

后来我年纪更大后，才知道这些都是教会的规定，不是神要求我们的。我既然不要这些规定，就不要天主教了，所以认识到新时代思想的时候，我大喜过望："太好了！"居然有种思想，只要不是去做什么坏事就可以，允许个人有可以呼吸的空间，有可以犯错的空间，有可以面对真实自己的空间。赛斯说得好："没有那么多罪、惩罚、地狱，唯一需要注意的就是不要杀人，不要侵犯别人，要尊重自己也尊重别人！"这些想法只是观念，把这些观念融入你的生活里，你就会发现，生活中的每一件事都自有其发生的原因，都在教你一些东西；你自己要去感觉，为什么这样想、这样做，什么是重要的，你要慎思明辨，有辨别力，而不是什么通通都相信。

现在的新时代有一派主张说，不要用头脑，只要感受。这太偏了，太过与不及都不好，全部不用脑子，那就不用做人，做动物好了。做动物是很好，可现在你是人不是动物，那怎么办？人跟动物不同，动物是处于自然的恩宠状态，你应该没有听过动物会犯罪吧！动物也做很多奇奇怪怪的事情，可是那不叫犯罪，那是他们的天性，动物只要顺从天性就好了。

只有我们人类会不断去思考与判断，要不杀人、不害人、不生恶念、不怨恨。恨不是罪，千万不要搞错，只有杀人才是罪，别的大多关乎品德修养，那是从心感受的事。例如不要害人，那是发自内心的，因为他跟你都是肉做的，彼此都是兄弟姐妹，以这种心出发而不是遵守某种戒律、条规，自然就不会去做害人的事情，也不会害你自己。

逼上梁山，转进新时代

有一件事，对我来说是非常严重的问题，你们可能没有办法体会。我从小学到中学都有口吃的毛病，可是我现在不记得自己是怎么开始的了。我小学毕业的时候，在三省小学联合毕业典礼上，我还作为代表致谢辞呢！讲得不是很好，那时口吃不严重，只是情绪紧张，只靠背稿，情感的表达不够。到了初中的时候越来越严重，虽然不记得是怎么发生的，可是一旦有这种情况，就很难治愈，越紧张口吃就越严重，越口吃就越紧张，然后就不敢讲话、不敢发问。自己不发问还好，可是老师问你的时候呢？就紧张得讲不出来。

我英文、国文都非常好，高中时，英文老师要大家轮流念一段课文，我连看着念都念不出来！我口吃到这种程度，这个事情是我生命中最羞辱的事，那时恨不得有个地洞可以让我钻进去，如果不是亲身经历，你不会了解其中的痛苦。明明你会，明明你行，可是你讲不出来！

后来看赛斯的最后一本书《健康之道》，发现有一段关于"自相矛盾"的非常发人深省的话。他说：对于"力量或能量的利用"有强烈的矛盾信念，并且有时拥有很多要求被利用的"精神及身体能量的人"……活在相反的目的中，他们决意既表达自己，又不表达自己……他们相信，自我表达是危险、邪恶，且必然导向受苦……他们因不能炫耀自己的力气和力量而"被迫"做出一种有时显得吓人及羞辱的行为，而对自己狂怒、患癫痫的人如此努力要做到最好，以致他们最终有一种非常不平顺的、抽筋的身体行为——"口吃"是同类活动的一个非常温和的例子。

就像有部电影《王者之声》，我完全了解他的痛苦。大家都在等他讲话，他讲不出来，大家觉得很好笑。假如我不是那个人，我也会觉得好笑，就好像有人摔一跤你也会觉得很好笑，那个笑不一定有恶意，只是自然地会笑出来。但当事人却感觉羞愧到极点，那种痛苦，非亲身体会无法知其心酸。

我本来很喜欢英文，初中英文老师也很喜欢我，可是高中英文老师就不喜欢我，因为我口吃，无法表达，这真的对我影响蛮大的。我本来比较喜欢文史，也许考虑读外文系；可是苦于口吃读不出来，演讲什么的都不行，我就不敢去考乙组。后来挑了甲组，念了建筑系，那却是"自作孽不可活"的另一段生命历程。

我从小专门跟自己过不去，现在好多了，没那么怕了，都已经这么老，还有什么好怕的！以前我是越紧张就越不行，往往冷汗直流……我为什么要一直讲这些事情呢？我这一辈子表面上一帆风顺，可是为什么每件事情到后来，我想做都没有做到？后来我想到，就是因为别的事都做不到，把我逼上梁山，所以我才转向新时代。

我的挫折有哪些？我如何把挫折的阻力变成助力？阻力是对于我喜欢的事情而言的阻力，比如英文、演说，等等。助力就是逼得我无路可走，唯一的路就是求道，因为太痛苦了，只好求道找解答、找解药。

另外，我从小能歌善舞，喜欢唱歌、跳舞、音乐，可是爸爸却不许我学音乐。当时，我家境也不是很好，爸爸开着他的"一人出版社"，家里没有钱也没有钢琴。我告诉我爸说，在学校里学很便宜，我可以在学校里练一下琴，他就说："不可以！"我也不敢理直气壮地问："为什么不可以？"他只说："你太忙、身体又不好，不行！"一直到初二升初三，我母亲回来的时候，我赶紧逮住机会再去问他。其实我每年开学都会问他一下，他这回可能心情好，也看着我妈妈的面子，就同意了。所以，我就在学校学琴，在父母的一个朋友家练琴，因为那里离我家很近。

这样学了两年，我进步很快，到高一结束时，已弹得不错。可是要升高二了，我选了甲组，因为实在没时间练琴，就停下来；嗓子坏了，我也无法唱歌了。另外，我小时候看电影《红菱艳》（改编自安徒生童话《小红鞋》），感觉芭蕾舞姿态优美，羡慕得不得了，就很想学芭蕾舞。爸爸就说："学那个干吗，当舞女啊？"难以相信会有爸爸这样讲话！我爸是个好人，但是个老学究，因为实在搞不懂他，所以我一度很叛逆。我觉得这些都是我天生喜欢的，陶冶美感、培养气质，有什么不好？可是他不让我学。

每年暑假，他都要我们学一样东西。我学过西式裁缝，也学过缝旗袍，大学毕业典礼穿的绸旗袍就是我亲手裁制的呢！我还学过游泳、英文打字……到了初三升高中那一年暑假，我没事做，他终于让我去学芭蕾舞。只学了几个月，我就败下阵来，因为初三时我已经15岁，一些基本动作都做不来，就放弃了。

熟识我的人都知道，我是很耽美、很爱美，从骨子里滋生出来的爱美，所以前几年组过一个小团体叫"金星天使的耽美角落"，让爱美的女生（女人来自金星）参加，分享人生的种种美感经验。

对于美的事物，我都非常喜欢，可是碰到这样的家庭，我就想撞墙，完全没办法。这些给我什么启示了呢？我一直在问自己为什么？一直到现在，我觉得这就是要逼我上梁山，不然还有更好的解释吗？我想，没有了。

我的个性其实有两面：表面上内敛优雅，这是天生的，比较像我妈妈；但内心其实很热情、活泼、狂野，内心被压抑的这一面，一直出不来。这不是造假或做作，而是一种内外的矛盾，内外不能应和，于是让自己变得一直觉得很孤独、很忧郁。还有，我喜欢且很有兴趣去做的事情，比如唱歌、跳舞、音乐、钢琴、等等，如果其中任何一样能让我真的持续去做，非常努力去学，也许我就会变成那些领域的名人吧！

第二堂 求道：宗教与心灵的对照

不过，兴趣虽强，才气却不一定能配合，像我又矮又比例不佳的身材，真要去跳舞，就算舞技还不错，可是身材太差也不行。如果年轻时让我做任何其他事情，只要能让我出人头地，我就会一路钻进去，可能也会快乐，那我可能就不会再花时间研究新时代，也就不会有今天的王姐了！福焉？祸焉？

与建筑的因缘

我念建筑系本来是因为我从小很会画画。如果给我一张彩色画，我可以画得一模一样，临摹技巧很好。另外，我写字也不错，写毛笔字都是得高分并被贴墙上，因为我就是会临摹，学得一模一样，所以"自以为"很适合学建筑。

我是后知后觉型的人，当时以为自己不错，小学、中学的老师也都觉得我不错，我的画连老师都赞叹。后来到建筑系才知道，建筑是要想象、要放得开、要充满创意。我却创意不足，空间的"观想"、"视觉化"更差。三度空间我想得出来，不会迷路，可是要画脑子里的3D，我画不出来。以前，没有计算机绘图，要用手画，我画不出3D透视图，只会画平面，没有3D的感觉。画不出来，心里很痛苦。这让我对自己再度失去信心，即使我很拼，拼命念书，学业还好，可是设计却没有那么好，我觉得我念错了。还有，最糟糕的一点是：要讲解，要说明作品的设计理念。又完了，口吃让我根本讲不出来！我真是受够了这种苦头、羞辱。

人家问我，你学建筑有什么心得吗？我说，我学建筑只有几个收获：一是我嫁了个建筑师，二是生了个建筑师，三是我为自己培养了很好的审美眼光。

后来，在美国，我就在家里相夫教子。刚开始还好，但后来跟我前夫感情疏远了。在台湾时他是我学长，对我非常好，我也很爱他，我们的感情曾经非常好，彼此很热情，我很崇拜他，他也很欣赏我，可是中间发生一些事，感情就淡了。

在美国时，因为我们家只有他在做事，所以他变成面包供应者，成为家中的经济来源。这种情况很可怕，只有他一个人在做事，一旦他生病，经济来源就没有了。怎么办？而且我们去的时候是20世纪60年代后期，建筑师看似风光，懂得美学、数学、建筑，简直是好得不得了的行业，但还是可能找不到工作；他还好，找到了工作，可是他内心总是很不安、不踏实，常常担心恐惧。

他很不喜欢美国，讨厌英文，也不喜欢美国人，一直想回台湾来，后来遇到一个机会，就回台湾做事做了三年。本来他说半年就回美国了，我就让他先行，再整理家当，储藏起来，再带两个儿子返台。这段期间我为他受了很多罪，拖着两个小小孩，一个只会爬，一个刚会走。他回台湾以后一拖三年，而且那时候他每年都要回美国报到，不回美国就会丧失绿卡资格，丧失一次就不能再申请，很严重。我就问他怎么办？考虑再三，后来全家还是搬回了美国。

一段无法自拔的恋曲

《与神对话》的作者尼尔的"与神"系列非常动人，内容和文字都令人激赏。可是到了他的《与神为友》那本，他讲自己的历史与人生过程时，我觉得他实在是一个不负责任的男人！不过后来他还是变得很好。我的意思是说，我跟他差不多，我不会通灵，做人也不怎么样。你们听了这些过程，可能会觉得我这个人怎么这么大胆，居然把这么不堪的过去跟大家讲！因为那些不堪的过去，促使我去求道；因为求道，才有现在的我；因为我喜欢现在的我，所以我宽恕以前的我，希望大家看在我"坦白从宽"的份上，也宽恕我以前种种的胡作非为。

像我们读书时都会发现的，很多书里的理论都非常好，可那是诉诸理性，是从知识入手。你必须经过历练，才能将知识转化成智慧，你才可以看到、做到、了解到书里讲的是什么，而不只是在文字上斟酌。像我现在看书，常常会说："哇，就是如此，就是这种感觉！"我经历过，心领神会了，觉得值得。

接下来这段时间，要开始痛苦地办告解、流冷汗了。

多年来，一直有人好奇，到底碰到什么事情，让我转而接触新时代？其实，我是碰到生命中一个让自己痛不欲生的事件，才转向的。

第一次，是回台湾快满三年，还没有回美国的时候，我们碰到一个人，他到事务所来找我前夫。我现在还记得他的样子。一看到他，我就被迷住了。他是男的，但太美了，他安静地站在那儿，只看到他的侧面，我看一眼就被迷住了。

后来才知道，他是一个很有才气的年轻建筑师，气质高贵，像个小王子。这位小王子真的影响了我很多，我对他一见钟情，但他是同性恋，我知道他是同性恋时已经来不及了，我的心已经卷进去，无法自拔，我的理智也已经救不了我。假如事先知道他是同性恋，我可能不会掉进去。

过了不久，我们全家就回美国了。几年后他也去美国念硕士，念完硕士就到我前夫工作的事务所做事。他在美国没有什么朋友，只是常常到我家来，近水楼台，我这种迷恋更是一发不可收拾了。后来被我前夫发现，他问我，我无言默认，他也能够了解，因为他是建筑师，同样有审美眼光，他身为男人，也觉得他有吸引力。他是同性恋，同时吸引男性与女性，虽然同性恋平常不会吸引女生，但因为我生性爱美，美对我有强烈的吸引力。

后来，我前夫去跟他谈，得知他已有自己的生涯规划，他一年后就要离开，我前夫也大方同意让我们交往。我们谈了一年的恋爱，有很多很美又很痛苦的记忆，毕竟这是一件很不自然的事。我随着热情去发展，但又设有一年期限，当期限一到，他一走，我就完了。

他离开后，我一个人痛苦得活不下去，当时孩子才上小学三四年级，也不能丢下不管。小王子占据着我的脑海，占满我的内心，甩不开，剪不断，理还乱。我不会寻死，但心已死。我不会自杀，因为责任未尽。而且，不只是责任，我也深爱着我的孩子。

读书是心灵的解药

我一向喜欢看书，所以带着孩子们去图书馆借书看时，我自己也顺便借书。当时太痛苦，普通的药也解不了，一定要很玄奇、重口味、很特殊的药。所以，我就开始读一些玄学的书，因为玄学最怪，怪力乱神，比如武侠小说，他们可以让人沉浸其中，忘掉现实，这是我那时的解药。

我从20世纪初英国的通灵学会一路了解到神智学会，东方西方各种闹鬼的、通灵的书通通都看，有的还不错，有的真是胡说八道；看多了，慢慢就培养出一种品味，也就知道什么讲得比较可信了。那个图书馆是开架式的，这一类书约有两三个书柜，因为我看书速度蛮快的，所以全部都看完了，结果没书可看，于是开始看赛斯的书。

在此之前，我对赛斯完全陌生，一直没去读，也不知道《赛斯数据》是什么，厚厚一大本又没有图画，是什么东西呀？不看！后来，我实在没书可看了，只好借回去看，看了就豁然开朗，得救了！

没有死到临头，人不会去找解药，所以，这个痛，痛得有道理。给我这冥顽不灵的人这么重的打击，我终于真的去求道，也终于找到了赛斯及新时代。这发生在我36岁时，即麦可数据说，一般人会确定自己"志业"的时期。

奉劝各位，遭遇任何打击，并不是不要悲伤、发泄、求慰藉，而是这些都做了以后，要去想想原因：这些打击对你有什么好处？这是事后诸葛，当局者都是迷惘的，看不清现状的。

时过境迁之后，才会了悟，没有敲不会醒。我现在年纪渐长，才更能将自己提升到一个高度去看事情。

这种求道或是阅读本身，就是一种逃避，因为人碰到痛苦就自然会逃避，不管身或心有多痛苦都要逃。每个人都有不同的逃避方式，极端的方式就是上瘾，上各种瘾都是为了逃避痛苦。"上瘾"是一种麻醉剂，靠着他度过一日复一日，起码平安过一天，让你没有去跳楼，就这么简单。

还好我没上别的瘾，没有烟瘾或酒瘾，也没毒瘾或药瘾，我都试过，都没上瘾，那些我都有免疫力，但除了爱情。我进入一段感情后只对一人专情，尽管交往期间我也会看一看、欣赏其他的人，但仅止于欣赏。

后来，我们全家都搬回台湾，因为我前夫最后还是决定要回来做事、找机会，他终于摆脱美国。我觉得美国很好，不同民族的人真的不一样，美国人比较直，心理比较年轻，比较胸无城府。可是我前夫说他不那么了解美国人，还是比较了解中国人。别看中国人鬼头鬼脑、心思复杂、暗中较劲，他反而懂！所以他找机会一定要回台湾做事，结果也确实有一个很好的机会等在那里。

我们家完全以他的事业为第一优先，他有任何决定，我都是以他为优先考虑。他觉得应该回来，换个职业，我就会说：你决定了，我就带孩子跟来。对他来讲这是很重要的。我们家是以先生为中心点，但有的家庭是以小孩为中心点。

我刚回台湾时很闷，有一天我把我们家储藏室全部漆成黑色的，从天花板、墙面、地面到所有家具摆设，通通都是黑的，然后我就在这样的空间里开始翻译。

开始30年的翻译和推广"新时代思潮"的生活

第一次返台时，有一阵子，我前夫到日本负责一项重要设计，整整八个月没空回家。半夜，两个孩子睡了，我没事就翻译《先知》，这本书我很喜欢。后来《妇女杂志》的发行人看到我的文章，很喜欢，就向我邀稿，替他们写专栏。十年后第二次回台湾以后还写过《仕女杂志》的专栏，同时我也开始翻译第一本赛斯的书《灵界讯息》。我自己有兴趣，每天闭门翻译，有人问我：你整天待在黑漆漆的屋子里，不难过吗？我说很舒服，黑色让人感到宁静、没有干扰，不致分心。结果，前后几年间我翻译了三本赛斯书，中间也去练瑜伽、参加超心理学会。看书是一直持续的习惯，我每年都要回美国看看父母、亲友，逛逛书店并买书回来，自己先看一遍，觉得喜欢的就会试着翻译。

后来，1989年我跟方智出版社合作，开了"新时代系列"，中间也遇到一些学佛、学道的朋友相互交流，志同道合者就一起做新时代系列的书。在这个过程中，我引介这些书，比较了宗教跟心灵到底有什么不同。如果想知道我深入心灵与宗教的过程，以及为什么选择新时代而非宗教，可以去看我的第一本书《心内革命》，那里面都讲得很清楚。

不是说宗教不好，有的内容非常好，可是我不要那些组织与架构，因为那是人为的限制、人为的诠释。比如说经典、佛典，以及《圣经》，到后来，都是门徒、学生加以诠释，每个人的诠释都带着他自己的色彩、自己的看法、自己的解释，我就直接萃取菁华好了，为什么一定要听别人的诠释？这大概就是所谓的叛逆吧。经典的原意是好的，但流传到后来，被后人加上太多诠释，染上太多人为色彩了。

可能求道的人都有点叛逆，但已在宗教里的人，却不那么容易叛逆。不管在情感上叛逆，在求知上叛逆，还是在其他地方叛逆，叛逆不是不好，可是为叛逆而叛逆就不好。我自己曾经有过一段这样的时间，是为叛逆而叛逆，意气用事，耗费自己的时间精力，也消耗自己的生命。

其实不需要叛逆，我相信只要能辨别什么是正的就行。有些胡说八道的人，他要钱、要权、要色、要个人崇拜，而我们要记住，是不好的就不要跟随。我觉得人都是一样的，基本上大家都在过程里，你要怎么走，是你来以前就设定了大方向、大架构的，中间有一些波折起伏，你会因为这些波折而学到很多东西，到最后反而觉得有趣，好像就该如此。但在波折当中时，你可能会觉得莫名其妙。令我不解的是：我为什么要生这场病？我为什么要失恋？为什么上帝如此不公平？于是，你会怨叹自己的命不好。若有这样的疑问，可以看《灵魂的旅程》那本书，内容很有趣，我个人觉得讲得很真实。还有赛斯的《灵魂永生》，讲生前、死后关键的一些事，都讲得非常好。赛斯是很不容易读的，可是我劝大家，看赛斯的时候不要急，不能囫囵吞枣，赛斯叙述的是事实，说的是宇宙间的原理和原则，我们不见得理解，因为他不是那么好消化，尤其是碰到宇宙学、物理学、量子力学等，确实不是那么容易懂。不懂没关系，就像碰到一块咬不动的食物，先放一边，看得懂就看，看不懂就先跳过去，但一定要继续看下去，一遍不够，要看两遍、三遍，与此同时也可以参看其他的书，不见得要看这么深的。我觉得赛斯真的是很好的书，凡是看懂的，都会赞叹其精妙！

还有人认为赛斯书是现代佛典，只是用字遣词、说法不同，其实内容是一样的。

赛斯说的Speaker，我们译为"说法者"，赛斯说，一旦你是说法者，你每一世都是说法者，不一定是以演讲的形式；在你生命中，你会做别的事情，但其实你还是说法者，只是范围大小以及方式不同。大的说法者如佛陀、基督，都是已经开悟得道的人。赛斯也是说法者，有人说要拜他，我说不要拜，我们不要"造神"，他喜欢做老师，他很会讲道，又很幽默，实在是很棒的一位"说法者"。

人有很多面，基本上分成理性面与情感面。情感面如直觉或感受，以及一些讲不出来的感情，但你不能只偏一边。求道当然好，但是每个人求道是不是都要变成大师呢？每个人有自己的天性、天命，做你最喜欢、最快乐的事就好，不用让每个人都变成老师，不然到哪里去抢学生呢？

合一大学的灵性洗礼

讲讲我去合一大学的经验吧。事情发生得很偶然，也很有趣。2007年新时代协会内部发生了很大的斗争，有人放不下权与利，一直想要抓住，协会是大家的，不是个人的，应该轮流做；协会也不是崇拜某一位老师或大师的地方，这里应该是服务的地方，是一个开放各家各派表演的舞台。因为每个人的需求不一样，并非你的真理就是唯一真理，甚至连说"真理"我们都很戒慎恐惧，都不敢说这个就是"真理"（不过的确是有真理）。我当时碰到这样的状况，很复杂的纠结实在难以为外人道也，现实和理想之间有落差，即使是新时代也免不了要接受人性的考验。虽然我心里很难过，可是也没有办法，我那个时候的心情很低落。

无意间，我看到李欣频写的《梦·前世·灵魂之旅》，她讲述她在合一大学的经历，讲得活灵活现。为什么会吸引我呢？如果只讲那边的状况或做法，对我其实没有太大的吸引力；那是因为，书中每一章每一节都提到了赛斯的书，她推崇自己在印度合一的经验，并证明赛斯讲的是对的，我就心动了。人在最低潮时，需要一些安慰、支撑，于是我就对自己说：好，去合一体验一下吧！既然她跟赛斯的理念这么接近，那我就去试试看。

那时，合一大学有规定，在21天当中，不可以说话，大家通通住大通铺，好像宿舍一样。我想，完了，21天不能说话！我虽然不太爱说话，可是21天都不说话，又有点太过分了。加上大伙儿住一起，同一间房，那更是完了！我根本连跟人家睡一个房间都不行，那一定很惨。接着又想到，我去过印度好几次，每次都热得要命，室内有冷气但户外依然很热。尽管如此，我心一横，还是下定决心去了。

结果，我觉得很有趣。后来再想，这岂不就是一个过程：跟人闹翻，然后崩溃，所以去印度，结果竟然就突破了。因为这是很痛苦的状况，逼得我要去找支撑，终于得到突破，不可思议！赛斯说到痛苦时讲：人都很怕受苦，可是人生一定有苦，怕痛苦所以一定会逃走，想出各种方式逃避。合一的方式就是：不可以逃避，全部过程就是深入体验，不讲理论，只是经验再经验。不管是身还是心，痛的时候、快乐的时候，就待在那边跟心在一起，只要这样子就好。只要你保持这个勇气，就会突破，到时候不管是什么痛，都会消失，然后喜悦自然升起。很像神话，可事实的确如此。

回来后，我听到"内观"，内观其实跟那个意思是一样的。去参加内观，十日当中不可以讲话、不可以看书，什么都不可以，只能在那边观你自己的内心、身体、想法，其实与合一有点像。但合一没有内观那么严格，其间还是有一些课程，那些课程是所谓的"术"，术就是一些方法、技巧。我比较喜欢"法"，就是原理原则，小自生活大至宇宙的都包括。

经过21天，到后来就觉得不讲话好舒服，没有干扰，墨守内心、静观，感受而不批判。可还是会有人偷偷讲话，还一直要跟你讲，可能因为女生比较多，女生爱讲话，不讲话就很难受。

去印度前，有一个六日的准备课程，类似工作坊，主要是把你过去的痛苦一起清理掉。合一一天到晚在讲"受苦"与"关系"，他们认为除非离群索居，不然活在人世，你一定是处身于各种关系中。出生时，父母、家庭关系；接着是朋友、师长、配偶、工作关系，以及上司与下属之间的关系。关系如果没有处理好，你就没有办法得到喜悦。在准备课程中，还有各种游戏环节，身体的、动态的或互动的游戏，让你把内心苦闷的东西全部挖出来，看见、发现、接受你的状态。所有痛苦都要被看见并正视，然后接受"你是有这个痛苦的"，你可以哭出来，可以吼叫和呐喊，然后在心里或实际上与之和解。

我父亲已经走了，那我就在内心跟他和解。可我还是先要请他来，吵一吵、骂一骂、哭一哭、叫一叫，这是一种治疗的过程，让你不要闷住，闷的话就会生病，疾病都是闷出来的，所以就让你的情感流动吧！真情流露，是有帮助的。

内心的疗愈来自无条件的爱

我去的时候是一个伤兵，很受伤。到了那儿之后我就像一块冰，没有痛苦也没有感觉，呈现结冰的状态，心里有个洞，空空的，感到很痛。后来合一讲的一些东西也挑起了我的感受；到第三天，我自己在静坐的过程中，就忽然觉得心里满了，不痛了，整个都是满满的爱。那个爱不是男女之爱，也不是父母的爱，而是无条件的爱，我是被爱的，我一辈子求道，就是在追求这个爱。所以，"得不到爱"也是一个推力，假如你活得很顺利，活在满满的幸福里，你还有什么要求？那你就没有什么好求了，不是吗？

我在很顺利中给自己"创造"了各种难题，自己一直体会不到、一直在求的这个爱，最后终于在"不找时"找到了——当时我并没有在找，我已经死心了，觉得就这样嘛！忽然之间，那个爱就来了，就感受到我是被爱的。在那个神圣恩典里，有从神那里来的无条件的爱。

恩宠的意思是说，没有经过努力，没有经过祈求（并不是做了这么多善事，积了这么多功德，努力了这么多年，请你给我一点甜头尝尝），它就是无条件送给你的。人间几乎没有这种东西，虽然不是绝对没有，但是很少，人间的感情很多时候都是不纯的。像我这种心理上有洁癖的人，一直想要那种纯然的，不是基于利益交换、不是讨好、不是计较的那种情感。不假外求，它宛然就在，能感觉到的，心里面的真实感觉，感受到被爱的喜悦，那个喜悦就是"突破"。

第一次爱上自己

从合一回来后，经过三年多快要四年的时间，我还是很喜悦。生活并非一帆风顺，也曾被人一而再地挑战我的"底线"。令我自己也非常惊讶的是：我不再在意了，我只是"静观"其变，不再愤愤不平，不再把心揪起来。我宽恕这种行为，甚至感恩，正因为"太过分了"，所以这些令我将自己"切"得很干净。对方必然有执着放不下的地方，但那只是他选择的功课，与我无关！

我觉得自己好像把一些东西打开了，把一些东西丢掉、不要了，那种平安、自由不可想象！第一次爱上了自己！以前都是爱上别人，现在是第一次爱上自己，觉得不错嘛！虽然有瑕疵，我还是得到了爱，不管值不值得，我就是得到了，那就是我要的感觉。从那时起，我觉得心跟脑、智慧跟慈悲、被爱跟爱，都要同时体会、拥有、经验。我觉得活够了，人生不虚此行！很快乐！

印度诗哲泰戈尔是一个非常有宗教情操的人。有宗教情操的人，不见得有宗教信仰，信仰是：你有了就有了。我们这种比较想要追求，一定要打破沙锅问到底的人，比较容易有宗教情操，或者是对未知、对爱、对美有一种憧憬，这就说明你有了宗教情操。

泰戈尔的诗美极了，他是个一心求道的人，以"想要追神"闻名。

有一次有人对他说：

"泰戈尔，你不是要追神吗，神来了！"

"真的，在哪里？"

"在某一个房子的二楼，就在某一个门牌号码那里，神就在那里，你去找他吧！"

泰戈尔开心极了，他找了一辈子神，没想到神出现了，就赶紧跑去。到了门口正要敲门时，他突然停住，想了一想后，转身下楼。

转身下楼，为什么？他说，如果我敲门，门开了，神在那里，那我该干吗？游戏结束就没得好玩，没得好耍了。玩了一辈子，求了一辈子，辛辛苦苦上穷碧落下黄泉，终于他真的出现在自己面前时，游戏结束，这个求道，到底是真的还是假的，所为何来？给大家一个借鉴，可以自己体会一下。我觉得这很有意思。

我当然觉得求道是一个过程，是很好的，可是不用太严肃，不用认真到死也要去找，那我们可能反而找不到。

不少大师都耳提面命要以"游戏"的态度过生活，从赛斯到尼尔都强调此点，所以像我这么事事过于认真的人，求道才那么难！就算得道了又如何？你要怎么样？你预备怎么样？要出家了吗？还是要干吗？以后的日子要怎么过，这个才重要。悟道的狂喜之后，往后的日子呢？你要怎么活出你内心的平安喜乐，那才是更重要的！

第三堂 与神同心：成佛是不可避免的

所有的修行，最终都是要我们『觉知』。
处理外在的事情必须要用头脑，必须要努力；
可是内在的世界是不需要努力的，
只需要我们放下、臣服，需要接受恩典与随顺智慧。

上一堂课讲到求道、问道、成道、宗教与心灵的对照，在此还要再补充一些数据。赛斯带给我很大的影响，那就是：什么事情都可以从正面解读。他的正面思考不是一直用肯定词而已，而是讲解得很透彻，鞭辟入里，让人听了觉得很有道理。其实，赛斯的《灵魂永生》并非无法理解，那只需要有足够的热心加耐心，略过看不懂的，最后你一定也会与我一样，大呼："朝闻道，夕可死矣！"他说，你每一辈子来，都是在演一出教育剧，我们常常是自编自导自演，但是大家多半不觉察，也常常忘记要去"观剧"。我们最好在自己一边演出的同时也要抽离出来，观看自己演得如何。人生在世就是上舞台扮演角色，这点在《灵魂永生》和《灵魂的旅程》里面都讲得很清楚。

"人间道"等于"求道的过程"

这些年来，我有时候灵感一来，就会发明一些话，比如说"成佛是不可避免的"。这句话听起来好像很猖狂，其实意思不是"你这辈子一定成佛"，而是只要相信轮回存在，成佛"终究"是不可避免的，但不是现在马上立地成佛。不管你是否觉得自己现在还不够好、不够有智慧，都没有关系，因为这是你灵魂的安排。你的存有安排你来经验地球三次元这样一个世界，经验了以后，你才会慢慢从中咀嚼、吸收、了解。最后，悟道是不可避免的，所以成佛也是不可避免的。

在求道的过程中，不用担心自己的智力、领悟力够不够，或有没有通灵体质，其实每一个人都走在他该走的路上，也都在他的求道之路上。不管你有没有求道，人间的道路就是一个求道的过程，这是在你来这个世上之前就设定好的，而不是宿命论。

算命讲到六亲，这也是你来这世界前已经选定的，你选择这样的父母、这样的环境，不论很穷或很富，你这一生的架构以及出生的那个时刻，都是你自己选定的，然后你的生命就从这个架构发展出去再去体验。这中间还有很多转折，每天每件事情你都在做选择，如果你做对了选择，成道就会快一点。

奥修有一本书叫《金色花的秘密》，奥修的讲解是非常吸引人的，很灵活又非常有智慧。他说，他的学生来见他，拼命努力地修，都是希望悟道，但太努力其实是得不到"道"的。他又说，可是如果你完全不努力，也不会悟道。这好像很矛盾，但其实修行的重点就在此：不能太紧也不能太松，松紧之间你自己要去体悟、拿捏，终有一天你会恍然大悟，然后你会大笑三声。

我们尽我们的力量求得知识，希望得到智能、开悟，可是，即使大师教你再多，从中得到的都只是知识；经过你的体会可能变成智慧，但这还只是"理悟"，即在理上面的悟，不是体悟或心悟。心的悟道是"与神同心"，从心去悟的话，就需要神圣的恩典，这有点宗教色彩：假如你什么都不信的话，永远不会悟道。所谓"信"不是指跟随教义，那个"信"是你真的感受到与神合一，到那个时候，你就会发现自己以前看的书上讲的都对，你印证、体悟、明白了。

很多宗教或修行会叫你放下头脑，奥修也是这么说的（其实印度的宗派都是这么主张的），奥修的道场外面也是竖着"不要把你的脑子带进去"。我不觉得我们需要去否定自己的观念，因为如果不要观念，你根本不能运作。"不要把你的脑子带进去"的意思是要能跳出来，不要卷入群体的错误观念，搅和在里面，认为自己非得跟从某种东西……那会让自己永远跳不出来。

东方与西方宗教的不同之处在于，西方宗教认为一切是"有"，东方宗教认为一切是"无、空"，两者看似矛盾，其实不是。处处逢缘（源），真理有其共同性。像古老的中国文化，没有唯一的神跟宗教，这跟别的古文明不太一样。例如道家跟《易经》里面讲的宇宙观，指的是那种可说又不可说的很美的境界，跟宗教不一样，却跟新时代的味道很像。

没有"受害者"，只有"未觉者"

关于我在新时代中的转折，最明显的是从1969年我翻译《先知》开始，这书大概是1970年出版的。其实我一出国就看到《先知》，当时很流行，封面照片很像基督，几乎人手一本。我刚出国时很忙，一时还没空读，婚后就买了一本来读，看过后觉得太棒了，后来我回国三年期间抽时间把书都译出来。现在再读《先知》，里面的每一句、每一个观念，还是那么的美好，而且我最欣赏作者言语简洁却引人深思、余韵不绝的风格了。

纪伯伦有很多作品，《先知》是最薄的一本，但其他的作品我不觉得好。读纪伯伦的作品，只读《先知》，就能把他的学说精髓吸收了，让我很开心。后来，我在1989年写那篇有关新时代的总序时说过，其实早在翻译《先知》时就已见端倪，我已经被这种新思想所吸引。回溯一生，有时会发现很多线索，好像一块块的拼图，也许东一个西一个，但却是相连的。

到了1976年，我已经看了很多这类书。写"福尔摩斯"系列的英国作家科南·道尔就相信灵魂学。19世纪末20世纪初的英国，有一批知识分子，他们并不是主张怪力乱神，但是相信有灵魂存在，所以成立了灵魂学会，也研究神秘学、通灵。我很着迷地读，最后才看到赛斯的数据，一读之下，大为震动，拍案叫绝。

读了新时代的书之后，我有几个简单的结论：人生有意义，事事不悲观，没有"受害者"，只有"未觉者"。后来我发现，所有的修行，不管是哪一宗哪一派，最终都是要我们"觉知"。

赛斯是非常好的东西，不会给你任何负面的或怪力乱神的想法，只是实事求是，告诉你事情是怎么回事。这些东西可以作为人生很好的底色，让你心安，不会恐惧，不会被威胁，也不用担心自己死后要下地狱等。在这个底色的衬托下，你可以安稳地游戏人间，因为真理可以让你生信心，让你不再害怕；

而"合一"这种真实的体验则会让你感恩、感动，让你产生喜悦之心。

1981年我开始做新时代系列书，在时报出版了三本赛斯书。当时出第一本的时候，根本没人看得懂赛斯，也没有人有兴趣，可是偶尔也会有读者写信来沟通。有一次有个年轻的读者来信说她看懂了，她好喜欢！她住南部，才读初中。好奇怪，我也很纳闷，她怎么那么有慧根。

慢慢的，就有更多读者写信来。当时没计算机，我一封一封亲笔回信，好像永远回不完，但都是差不多的问题。老是要回同样的话很累，大家也没得到互相切磋的机会，我觉得大家一起研究可以互补相长，所以就在我位于内湖的家的客厅组织了赛斯读书会。后来1989年跟方智合作新时代系列，就是想传播这个好消息。

每一天，我们都会接触到社会上的各种消息，大半都是坏的、耸动的，好像只有这种消息才能博得版面，大家也都很喜欢看。长久在这种氛围下，你根本没有信心，会觉得这个世界怎么这么糟糕啊！即使你觉得自己不错，可能又会想，一个人的力量哪能跟大环境抗衡？

所以要给大家正面的讯息，才不会活在恐惧里。

社会里的很多传统，是非常落伍的，根本容不下个人独立思考的空间。例如：父母讲的就对，社会讲的就对，不管那些内容是否让你被虐待或把你噎死……这些都很奇怪。希望大家赶快向光明的地方迈进，心安最重要，心里自由、喜悦才重要。

回归中道

我这个人一辈子特立独行，不会依附教条或政治宗教的律法，因为这是种社会现象，是社会群体为了控制人、独霸权力，才有这些政治宗教的组织，所以我对组织基本上都是很排斥的。人类历史就是权力斗争的血腥历史，或者是以眼还眼、以牙还牙，实在没什么意思。

我小时候很叛逆，不喜欢讲求四维八德、中正中庸的中道，我认为中道不冷不热在中间好像温水一样，真是无趣；但我的外在会自律，很多想法没有显现出来，只是让自己知道就好了，不像我现在这么坦白。孔子说："不得中道而与之，必也狂狷乎？狂者进取，狷者有所不为也。"我是两者都有，有时候狂，有时候狷，没有中间，因为我觉得中间实在太无聊了。

忆起三十几岁时，接到林海音先生的信，要我前夫写一篇短文介绍我（《先知》译者）。前夫长于以形象表达，拙于文辞，结果我自告奋勇以他之名写了一篇，其中便对自己那种忽狂忽狷的德性坦白一番，自觉"入木三分"。结果，林先生皱眉（我感觉到），觉得前夫太贬低我了！哈哈，这是否是我本已设定的"自我毁灭程序"呢？而现在的自剖，是否又是我正在启动程序呢？

如今年纪大了，经过求道，也经过人生的风雨和历练，比较回归中道。这也是一个自然而然的结果，不是我"要"回到中道，而是我"必须"这样。

在两极之间摆荡，会有很多矛盾出现。我现在对自己的认识比较清楚，也较能接纳自己的感受，即使在不同的两极间摆荡，我心里也没有矛盾，因为人有很多的面向，只要不伤害人就没有关系，这样生活比较有趣。你要是觉得自己很矛盾，就麻烦了，因为这样你会无法做决定，一直在消耗自己的精力；简单说就是自己跟自己过不去，左也不是右也不是，自己打自己，没办法保持精力与快乐。我现在心里面趋于中道，比较平静快乐，接受自己的不完美，也接受别人的不完美，没有什么不能接受的。

合一的修炼，特别要求真实面对自己、真实接纳自己，要面对自己的问题、自己的本来面目，不用矫情、隐瞒，不要面子要里子。这对我似乎不难，只是自己年轻时很"低调"，大半的矛盾、叛逆，都只默默存在于内心，顶多我行我素，而不会像现在这样"出柜"，露出赤裸裸的灵魂！

我最近在重新编修《喜悦之道》（高灵欧林的传讯书系），那是我最早推荐的书，现在要推出25周年的新版。新版修订时我需要从头再看一遍，这让我又发现了很有趣的地方。我这个人懒洋洋的，修行也不是很努力，以前要我做练习，我才懒得做；若你觉得好，我当然很鼓励你做。虽然以前懒得做，但结果发现，我现在几乎都做到了，这发现让我很喜悦。欧林的东西无意中渗透进来，已经很自然地变成我的一部分，不会觉得"原来是这样"，而是"我已经是这样了"，所以很快乐。

除了神没有别人，除了爱没有别的

辅大宗教研究所每年秋天会选一个主题办学术研讨会。我既不是研究宗教的，跟他们也没有关系，2000年不知怎么的，他们却找上了我。那次的主题是"各个宗派的修行"，我又不喜欢修行，还要发表一篇小论文，怎么办呢？我也试过修行，但是没恒心，总是半途而废。我虽不是修行的人，但也为着"新时代"硬着头皮答应参加了。

后来我忽然有了个灵感，写了一篇短文，题目是《除了爱，没有别的；除了神，没有别人》，这篇论文现在还在中华新时代协会的网站上。那时候不知道自己为什么忽然这样想，现在再看，当时写的东西跟我现在的体悟是一样的。可见我当时已经有某种体悟，只是没有直接悟道，然而我的感受、理智都是这样的了。

人喜欢命名和归类，脑子的功能就是判断，命名、归类、判断、分析是我们的脑子最会做的事情，而且每一个宗教对神的了解都不同，每一家都认为自己是权威，总是排斥别人。

就我对宗教的了解是：虽然我们都是神的一部分（这我深深相信），可是他比我们不知大多少，区区小我，如何去命名那无穷无尽、无以言说形容的他呢？他不止是意识，不止是能量，不止是爱，他是包含一切的，那我们为何要去命名他为耶和华、佛、上帝、阿拉？都不行啊。其实这比较像是一种玄想、玄思，玄想是不可说的，我们称他为神，他包括所有一切，我们都在他之内，没有东西在他之外。所以说，除了神以外，没有别人，我们都是在他之内的那个小分子。

除了爱也没有别的，因为无论伤害或者痛苦，都是我们设定给自己的学习程序。

如果你没有感受到爱，那就是要让你学习爱，让你了解爱；如果你从来没有缺乏，一直在爱里面，你根本不知道什么是爱。因为你曾经没有，你看到那个痛、那个伤、那个空虚、那个悲观，然后你才发现：喔！原来是我们自己的眼光只看那么一点而已，视野打开、心打开以后，那个爱是无穷尽的。除了爱，没有别的。没有爱，是让你找到爱的一种刺激与动力。

请记住这两句神来之笔，因为当你越深入于道，越回到你的核心、本源，你必会发现它就在那里等你！

到印度合一大学去

上次讲过，2007年我终于痛下决心，跑到印度合一大学去了。

合一大学的创始人巴观说他的天命就是来送出合一祝福的。合一祝福的功效是什么呢？就是让你可以很快觉醒。巴观说，因为2012年眼看着快到了，很多预言说世界要毁灭了，假如有七万人在那之前觉悟，就可以扭转乾坤，就不会有世界末日的来临。当然，不管为了我自己还是为了大家，这都是值得努力的。

想到世界末日，我很不忍心。我自己已经活得差不多了，可是还有这么多人会毁掉，而且地球也要毁掉，我实在不能想象！地球道场是我们的乐园，是我们在人间旅游的地方……而我那时候又刚好很沮丧，所以干脆去印度了。

去印度合一大学以后，有几个比较重要的事情"发生"。到印度第一天，老师就说："你们到这里来，什么也不用做，来了就好，要放松，享受这21天。你们有这么大的福气、福分，才能到这里来，要感恩。例如：要感恩配偶让你请这么长的假来，比较年轻的朋友要感恩父母出这么多的钱。来一趟很贵，要感恩！"我在想，我感恩谁呢？父母不在，前夫也离开了，我就感恩自己好了。我还蛮爱我自己的，特别要感恩自己肯给自己这个时间，而且在台湾我去到哪里，人家都会认得我，很麻烦！我就偷偷摸摸去印度。在印度，遇见的台湾"同学"问我是谁，因为没看见过我，就不知道我是谁；但是一看到我名字，就会嚷嚷说认识我！他们从小看我的书啊！我很谦虚低调地躲在角落里说："我不是老师，我跟你们一样是来学习的，不是来教的，所以不要叫我老师。"他们都很年轻，但他们都叫我"同学"，我好得意哦！

合一大学有不同的老师教课。第一次是他们的大师兄，听他讲话非常舒服，很有说服力。学校授课者叫做引导者，他说，引导者不给什么，也不取什么，只给合一祝福。这个最重头的合一祝福本身不需要我们做什么，也的确不需要做什么。假如你有足够的钱又愿意去，你只要在那里，他们就会给你祝福，并为你传导能量。

当时的教导大致有几个重点：合一祝福帮助我们把负面的东西去掉，这样，就会让我们的意识提升，进而觉醒。对什么觉醒呢？

第一，是觉醒到万物都是相连的。我们跟任何人都是紧紧连着的，分也分不开。虽然我们的形体是分开的，彼此的想法也不同，可是基本上，我们在灵魂层面，却是相连的，我们跟神也是相连的，只是我们没有觉知。

第二，是对于现实的真相要觉醒，知道什么是真、什么是幻。

第三，是对恩宠要觉察，要感受到你在恩宠里。假如没有感受到的话，就不能改变也无法开悟，因为靠你自己的努力是得不到的，一定要能感受到恩宠才会觉醒。

真实感受恩宠加身

还有一堂课是讲修行求道的道路：第一要有意向或意图，就是你要有个目标，想要达到一个什么境界；第二要有欲望、热情，去追求一个目标的时候若没有热情的话，不会得到；第三是神圣的恩典。有这三者，你才会觉醒。

老师说，要成功就必须要有热情，你不能只经历了一两次挫败就放弃。他说到爱迪生发明电灯的例子：爱迪生一直做实验，他其实没什么了不起，只不过是发现了三千种不适合当灯丝的金属丝，一直试到终于找到合适的那个。有热情且能不断尝试、实验，才能成功，如果只做三千种就放弃，那就失败了。他说："真心追求，不会在意多少次失败，因为旅程本身就充满了喜悦！"这有点"吃苦像吃补"，因为挫折是很苦的，可是他却觉得充满喜悦。所以，我们不能太执着、太认真地认为我一定要怎样，那样就会一直在吃苦，修行要是一路吃苦，就会失去乐趣，还是快乐一点好。若一味追求吃苦，只不过是误以为吃苦可以赎罪、苦修代表有德行，其实都是"功利"的想法，并不高超！

他说，平凡的人总是在等待机会，可能等了一辈子，机会还没有来，他一直在守株待兔；伟大的人就创造机会，所以眼睛睁大一点，看到机会就赶快跳上车。处理外在的事情必须要用头脑，必须要努力，你才能处理；可是内在的世界是不需要努力的，只需要放下、臣服，需要接受恩典与随顺智慧。

没有恩典，就没有办法与神一起。跟恩典同行，才能有成就事。有了这个恩典，生命就会变得美妙。他爱你比你爱自己更多，你会发现生命更有趣、更快乐。要感到没有理由、原因的喜悦，那才是真的。

最后就是：我是存在、意识、法喜。法喜其实是译错了，法喜是佛教的说法，其实英文就是"喜悦"，受佛教的影响就会用佛教的名词，这就是为什么我译赛斯都用白话，因为我不愿意用任何宗教的用语，赛斯本来就不是宗教。

合一说，神的爱就好像上千个母亲的爱。你生命中已经拥有这么多了，但你还是会觉得很空虚，因为你没有回到家，你远离了神。追逐一切就是为了追逐神，唯有神的爱才能填满你，没有神，你就像是宇宙里的孤儿。

我想很多人都有这个经验，觉得自己像是宇宙里的孤儿，无依无靠，漂泊迷惘。合一说，想要有神恩，就要跟神有一个连结，所以我那时候就在想，我跟神有没有联系？我也不通灵，每天自己苦哈哈的干什么？做母亲的都知道，小孩子三岁以前一定要跟一个大人形成一种坚固的连结，以后小孩儿才能很健全、正常、安全地长大。有些大人把小孩交给别人照顾，或者照顾的人换来换去，尤其是那些在孤儿院的小孩就很惨，因为没有一个大人是专属于某个孩子的。不论是什么性别，不管是不是母亲，起码要有一个固定的人跟他建立一种连结，他才会拥有有根的感觉，才不会像一个飘浮的气球。想当年我就是没有这个连结。

前两天我就在想，我有没有感恩、连结呢？那时候我觉得自己心里是空的，有点痛，而且是真的心脏这里痛。后来到第三天，忽然间就觉得不痛了，心里满了，忽然间觉得原来神一直在，他一直在我心里，可是我以前完全没有感应，没有觉知，也不相信这回事，那些对我来讲只是个学说。而那个当下，我真的感觉到他在，只是之前我没有打开我的心去接纳他，去相信这样一回事，而接纳后，我真的在自己身体上感觉到了那个喜悦，我充满了爱。我感受到被神爱是多么的甜蜜、美妙、幸福！感恩得不得了！心中莫名浮上一首老歌——《被你爱有多美妙》。

感恩之心不是可以刻意求得的，刻意的要求就是出自小我。千万不要把小我当做是一个固定的、具体存在的东西，让小我掌握了你的生活；要放松、放下，但不要去怪罪小我，认为自己这里不好、那里不好；也不要去设定自己一定要怎么样，那都是有所求。赛斯讲过，你专注于什么，你就得到什么；你专注在你的不足、缺陷、没有爱，专注在你没有什么，没有放下什么，那你需要的就进不来的。

当我感觉到那个爱的时候，忍不住就喜极而泣了，因为我觉得这是个恩典（如果要努力求得的，就不是恩典），已经超越了一般所谓做多少工、得多少东西的那种交换，那是人间的法；而超越的法是你感恩、放下，让他来接手，让这个恩典显现在你的生命中，你就会感觉到他的爱，体会这个无条件的爱。不是因为你做得好所以他给你，你什么都没有做他也会给你，他完全是白白送给你的，这才叫做恩典，就是"无所为"，是"放下"，是"信任"。这辈子我第一次"臣服"！

我后来发现，感恩其实是最好的一种祈祷方法。还不只是方法，如果你不是去求神来给你爱，而是能够自然地生出感恩之心的时候，恩宠已经在那里，那个喜悦就会一直充满，就像本来干枯如沙漠的心瞬间变成了"自流井"一样，爱会源源不断地涌出！痛苦的时候你是不会感恩的，喜悦的时候你就会感恩，感恩的时候你就会喜悦，这两个好像是一体两面的。

完全沐浴在光中

从那以后，我才觉知我一辈子都是在向外求，向人求爱、向人求肯定，等等。这些其实都是虚的，都是白做工。可话说回来，也正是因为有那样的过程，我才发现，原来那一切都没有让我得到满足，努力去追还追不到。而我现在不向外追了，回头向内一望，他却从未离弃我！

回来以后，我发现，规定21天不能讲话，习惯讲话但要被禁止讲话的我本以为自己会受不了，可是那时候我的感觉是如此平和、安静、喜悦。你不希望有任何人来吵你，也不希望有任何分心的事情占据你的心与脑，你已经充满了爱，那样就好了。

这几年以来，我发现很多书都在讲同样的事情，都在讲连结、与神合一。我们平常跟人的联系是横向的，可是跟神的联系是超越现实的，直接就连上的，这样的话，你就永远不会缺乏。当我看《一个新世界》那本书的时候，一下子我就看懂了：回到寂静那个点，安住在那极度的宁静里，没有烦恼、痛苦，只觉知到你"在"。多年前，就觉知人人都有个"内在的圣所"，一个寂静的空间——心，是我们冥想时的回归之处，如今，我完全感受到了。

可是我也不能说这就是"悟"了，我不知道自己到底觉悟了没有。有的人的觉悟就是完全敞开了，完全通了，觉得自己与万物合一，走在路上，意识是处在比较模糊的状态，走路很慢很慢。然后，看到树、云、草、叶子，都觉得自己跟它们一样，跟它们是一体的，那才真的是合一境界了。我呢，只是常在平安喜乐中，感到全然自在、自由！我那时候很感动，想着回来要跟大家分享……可是，其实那要亲身体验，别人讲出来的，就跟看书一样，你可能会说：哇！这个境界真好！可是到底什么感觉，你还是不知道。

等你真的尝到那个甜头，才能真的体会到个中微妙，跟"见光"差不多，是一刹那间看到那个光，完全沐浴在光之中。觉得非常安全，不再恐惧，觉得原来如此，你一直在神的怀抱里，一直是这样受着恩宠，合一感恩的心升起来，满心赞叹，比较容易进入那个状态，也能更长久地处于那个状态。你只要静下来，就回到内心那个宁静的点了。

从那以后，我曾出去旅游过几次，到过像不丹、以色列、两河流域、伊朗，甚至更偏僻的埃塞俄比亚。无论在哪里，在哪个古文明的遗迹中，在哪个种族或宗教的笼罩中，我都会回到对神、大自然、生命和人的爱和尊重中，禁不住心中赞叹"普天之下，莫非神（王）土，率土之滨，莫非神（王）臣"！现在是2012年了，大家纷纷讲同样的事情：为自己和整个世界、整个地球的未来，连上线就平安了嘛！平安以后，发生什么事都没有关系，因为你知道你是永恒的，你永远在爱里，没有什么好担心。

超越世俗的神秘主义

"与神连结"属于一种神秘主义，或许有人将他翻译成"密契"，这译得非常美、非常贴切。我最早注意神秘主义是从赛斯开始的。神秘主义就是说：你不是借着有组织的宗教或者任何的哲学、神学等，去了解神或是去诠释神；而是自己直接跟他连通，不假外力相助，直接感应，这叫做密契。从有原始宗教以来，这种人就有很多，像印第安巫术、萨满巫师等，最开始都是跟土地、山川、草木、日月、天地相通的，靠自己直接感通。《易经》也是直接感通而成的。

其实，这些事情在有宗教之前就已经很盛行了。有组织的宗教出现以后，把"直接跟神感通"当做怪力乱神、邪门歪道，因为这是组织无法控制的，他们就是要你受权威的控制，由宗教组织作为一个中介者去替你解释原因。其实在各门宗教里，还藏着很多离群索居、独自修行的人，他们每天都自己去感受这种与神的连结。

我以前是天主教徒，读过很多圣人、圣女的传记。那些后来被封圣的人，他们的传记都很特别，他们都有很强的感应力，也有很热情的修持体验。那时候中文翻译说他们是"神魂超拔"，也不知道是什么意思。但现在我感觉，那其实就是讲狂喜的状态，浑然忘我、魂上九霄的那种感觉，已经忘了一切……还有，神秘主义是超越的，不是在世俗层面的。西方宗教讲，神是超越的，神格的位阶是特别的，他不是在你之内，你也不在他之内，你就像蚂蚁、虫一样在地上爬；我们有人格，他们是有神格，所以你再怎么样也不会变成神，截然不同的两个世界，层次是不一样的。东方就不一样，东方认为，你努力去修行，最后感通了，你就会跟他一体，能够产生天人感应。神秘主义者就是自己与神连结、与神合一，因而能回到那具有超越性的爱与光中！

当有过合一经验之后，人们不时会联想到许多东西方圣哲的名言，而自年少时起，文天祥的《正气歌》便为我所喜欢，此时我更对头几句有说不出的亲切感：天地有正气，杂然赋流形，下则为河岳，上则为日星，于人曰浩然，沛乎塞苍冥……

这说的不就是无所不在的神与爱吗？

"与神对话"和"与神同心"的不同

前几天有一位我认识的灵媒，她结婚生了小孩，一家三口到我家来看我，回去以后她打电话给我，说我跟她说的一句话让她有所领悟，我说为什么呢？她说有时她通她的高灵，高灵跟她讲的话，她有时候还是有疑问的，她不知那是否是自我假借高灵的名义跟她讲话，还是真的是她的高灵给她的指令？但是因为我是个人，面对面直接跟她讲这个话，她就觉得比较踏实、可以相信。这就是"与神同心"跟"与神对话"不太一样的地方。

与神对话时，问他问题或听他回答，你有时候会起疑，到底是不是自己很自大地在那边自说自话？你会对神的可信度存疑。现在很多人都说他们在通灵，都说是神在告诉他们事情。而我是麻瓜，我没有通灵。通灵的人可能在人间的经验和智慧还不够，所以要依赖通灵；通灵的时候可能讲出很有智慧的话，可是跟他本人平常讲的话有差距，也许平常他本人比较善变或天真幼稚，还没有真的和神合而为一。所以，不管是透过哪一种修行方式，在这个年头，大家都需要"与神同心"，做到"与神连结"，与神连结之后，就会觉得自己跟神是同心的。当然，自我不是永远都没有缺陷的，自我还是有缺陷的；但我们的心里会越来越踏实，因为神与我同在，不管我是不是完美，是不是有瑕疵，是不是……不管怎么样，你都是被他疼爱的。

真心追求，
不会在意多少次失败，
因为旅程本身就充满了喜悦！

第四堂　依爱随行：除了爱，没有别的

他是「空」，可是包含万物，本质是生命、能量、爱。
「爱」是内在的动力，「行」是外在的表现，
不论是生活态度、做事、待人，
都是依爱而表现于外，以行为而落实。

今天这堂课跟上次的课其实是连贯的，上次是"与神同心"，接着我要讲"依爱随行"。依爱随行的这个"爱"，是大爱也包括小爱。神的爱在我心中，还有我对我自己的爱，依着我的心，依着我因爱而生的喜悦，在接下来的时间好好生活，有了这个体悟之后，就非常感恩，也觉得非常甜蜜。人间的爱没有那么甜蜜，只有这样的爱才会那么甜蜜，因为它不会离开，它一直在那里。

2007年我到印度21天，回归到我的内心，感觉到这个爱在我的心里满溢出来，平安喜悦就是这样来的。我生出信心，真的体会到那种非人间的爱、没有条件的爱。

人会一直在追求爱，其实是因为，在我们的生命过程里，很少有机会得到足够的爱，并让我们有个很好的根。根没有扎实地扎下去，所以我们一路都很不安，会很困惑地摇摆，想着：我怎么办？我到底有什么价值？为什么我一直没有自信，没有活出自己的价值来，也没有得到我所需要的爱？你越感觉没有得到你需要的爱，而要向外去求，就越惨。我自己就身受其害。

那一次在印度的经验，让我发觉他一直在，于是我不假外求，从此，那种狂喜的经验、满满灌上来的喜悦，让我感到安适自在，未来会如何都没有问题，都能让我感到安然，所以，我从此不再恐惧、疑虑。那个时候我觉得自己真是无欲无求，同时也感到人间太繁杂、纷扰，觉得不如归去，所以我的"最后八堂课"是这个意思。可是现在，我的心里是喜悦、平安的。我没有要求死，只是想把心得与人分享。分享不见得能使大家得到体会，就像看书，再好都只是字面上所得，必须有一天亲自体悟，才能知道其中美妙的真髓。体悟，是如人饮水冷暖自知的。

我也很感恩，并没有什么要求，也没什么雄心壮志，每天还活着醒过来，便心怀感恩，对我而言，每天都是神给我的一个额外礼物。

宗教与新时代的不同

之前讲过，辅大宗教研究所的研讨会邀请我去，我代表新时代领域去参加。之前我还没有体验，只觉得那些东西隐隐在那儿，并不明确，还不算是真的。可是我那时候忽然有了灵感，就确定了这个"除了神，没有别人；除了爱，没有别的"的主题。"与神同心"、"除了神，没有别人"，一切都是在神之内，他在我们每一个人心里，我们也在他之内，没有东西是超过他的，否则他就不叫做神了；而他又不是个具体的东西，如果是具体的，他就不可能包含我们每一个人，也不可能在我们之内，他是"空"，可是包含万物，神的本质就是生命、能量、爱。

我在印度时体验到的这种无条件的爱，是完全无条件奉送给我的礼物，并不是因为我好，而是它一直在。各位不要觉得自己一定要做到某种程度神才会爱你，神不是要给你奖赏或惩罚你，如果有一天，你能够有足够的信心，放掉所有负面的认定、想法，你就会发现他一直都在。他的爱是一个礼物、恩宠，他不是要你去求才能得到（我没有否定"求"，也不是说"求"不好），不是非要什么条件才能达到那一点，而是信念充足、时机成熟、你的心完全打开了，你就会发现，他原来在那里。

谈到宗教，我很喜欢宗教里的真善美，可是我也很怕宗教组织加给人的那些传统信仰：恐惧神威，要畏惧，要害怕，把神当做是人的判官，把人的不完美当成是原罪，人类是有瑕疵的产品。假如我们是从神来的，怎么会是有瑕疵的产品呢？如果我们自认为有原罪，就会永远战战兢兢，害怕死亡、惩罚、地狱，因为人的有限性和僵化的逻辑思考，而用因果来判断。世间不是没有因果，只是不像宗教讲的那样，完全一模一样地返回给你，而是用另外一种方式让你觉知到，你那样做会伤害到别人。真正在因果之上的就是恩典，只有恩典能够将你提升，将你的心、你的智慧升华，你才知道，原来那个无条件的爱是真的。

我们把人的思考投射到神的身上去，把人的有限、不圆满、僵化的想法投射到神的身上去，所以就衍生出传统宗教的信仰。所谓传统的信仰就是：你相信唯一真神，别人所信的就是魔鬼，他们是妖言惑众、异端，这样的想法导致你只问颜色不问是非，跟政治一样，变成一种意识形态，而不是来自心里的共振；你一旦有了某一种意识形态，认为别的跟你不一样的意识形态就是错的，这就叫做党派、派别。以意识形态来看信仰的话，将会衍生出无穷尽的批判、斗争、杀伐、战争，变成不是"除了爱没有别的"，而是"除了恐惧没有别的"。深究那些负面的东西背后的动能、推动力就是恐惧，不是爱。因为爱，你就不会有分别，可是因为信仰，人们又会有所分别。

大家注意自己身边所发生的，就会发现那些旧的东西正在慢慢脱落、改变，有时候忽然有个创新的想法出现，你会发现：哇！这跟新时代讲的是一样的。

西方宗教一直认为神有神格、人有人格，一个类别占一个位子，神格和人格的位阶不同，永远不能混在一起，所以人们再怎么努力，充其量只是做一个好人，做一个能令神喜悦的人；假如你拥有美德、做很多好事，神会喜爱你，可是你永远没有办法跟神一样。神永远是神，人永远是人，神高高在上，人只能仰望神，努力求得神的喜爱，不论人再怎么努力，位阶都不会和神相同。

在新时代或古老的东方传统中，情况就不是这样的。新时代主张，神既是自有的，是内在的，也是超越的；他在我们之内，可是他也是超越人间的，他是所有一切的源头，同时又化身在我们每一个人里面。所以，以新时代的看法，神是"既超越又内在的"。曾经有一位牧师跟我讨论，他说他们在学神学、哲学的时候，本体论跟现象论永远没有办法讲得通，永远是分开的东西。我说，本体就是一切的根本、本质，一切万有或是无形无象的本源就是本体，也是我们人的源头；而现象以及所有物质界的东西都是从无、空所幻化出来的，是本体的展现，它们会显现为可见的物质现象。两者是一体两面的，但西方宗教是完全不承认这点的。

我们源头的最深处就是内在，内在是无形的，灵魂也是无形的，高我与神也是无形的，这是内在、本体；然后他显现出我们可以看见的东西，这就是外在——所有的肉体与物质世界。科学家发现，所有可见的物质，仅是全部存有的10%吧！看不见的东西其实多更多。因为"看不见"，我们会以为是"无"。

科学家还发现，甚至连人脑也是个小宇宙，人的脑子虽然有白、灰物质，可是，"暗物质"还是占最大部分。所谓"暗物质"就是看不见的、无形的力量，看不见的东西其实是一切的来源，看得见的东西反而是少数。宇宙之大，那么多的星星，彼此之间就是一片黑暗，那个黑暗的部分比星星更大。所以科学界也慢慢回到新时代的主张了。

密契者的领悟

赛斯的转述者珍·罗伯茨是一个神秘主义者，或译作密契者。所谓神秘主义者是：他不属于任何教派，不属于任何一个学派，而是对神或是对一切万有的体悟，是自己个人与神的连结，与神同心或与神连结，那就是密契者、神秘主义者。密契者不是最近才有的，自有人类以来，就有这种密契者，他们是以自己的生命、心神、灵魂直接去"参"，参这个宇宙、参一切万有到底是怎么回事，直接跟神有一个连接。

2007年我参加辅仁大学的一个研讨会，主题是"密契经验：人—神的沟通"，研讨会上有人发表了几个不同宗教的密契者的论文，我只提佛教中的日本和尚所讲的禅宗。禅宗就是很标准的神秘主义、密契，不是按照文字或上师教的，而是直接去参透那个神秘，因为可说的只到一个程度就说不下去了，只能看你个人的体悟。

此次研讨会中有东洋大学竹村牧男的论述《"悟"与自我存在的理论构造》，其中引用了日本禅宗名师铃木大拙之好友西田几多郎的说法，大意如下：他把自己变成空，然后从自己之内翻转出来相对很多的那些个，就是我们每一个个体，所以我们都是从他之内变出来的；他否定了自己的绝对，而让我们每一个个体都成立，这种爱是无条件的爱、绝对的爱。单单只是超越的神，不是真的神，神必须是充满爱的神。神不单单是超越的，而且是内在的，是充满爱的，假如我们深深了解这一点，自然会有报恩型的人生，从"报恩"到"当为"（应当如此做），而不是刻意的。

我不是佛教徒，我只是说这个思想跟我们新时代思想是相合的。我们要报恩、感恩、帮助人，要去做善事、做积极的事情，不是因为道德、戒律规定，而是我们感到神的恩典，感到他自然而无条件地放在我们身上的善跟爱，我们自然会有主动积极的报恩行为；不是刻意行善，还数说自己做了多少好事，当然更不是有目的性的。因为你心里面有对他人的爱与了解，你自然会去做有益于别人的事情，自然会奉献你的生命去对整个世界和人类有所贡献，这就是佛教的密契者所悟到的东西。

研讨会还有一篇是讲到，佛陀在菩提树下悟道的时候，他不是先悟到十二因缘，而是先悟到中道，也就是离开言语、分别心，才能解脱。这跟赛斯很有关系，我以前看不懂，后来因为看了赛斯以后才了解。

所谓"八不中道"，"八"不是什么？就是中道、非二元

第四堂　依爱随行：除了爱，没有别的

的、超越世俗的终极真理，即：不生亦不灭，不常亦不断，不一亦不异，不来亦不出。既不是这个也不是那个，他不是僵化固定的。

怎么会不生也不灭呢？好像很矛盾。但矛盾或不矛盾，看了赛斯自可理解。

"八不"不是自我脱落、陷入什么都没有的无，而是了知主体和客体。不是要你变成脑子里什么都没了，或不用脑袋、扬弃理智；而是，主客未分的时候，你就是他，他就是你，没有观者和被观者的分别。现在有一些人认为，什么都是自我的问题，自我是罪人，是不好的，这是不对的；如果在我们的自我心中不尊重他人，那也是不对的，我们要尊重自己也要尊重别人。

所谓的主客双泯就是说：你静坐冥想到某一个程度时，会有那个感觉，就是你不再感觉有主与客的二元对立，没有分别了。"我即一切，一切即我"，当你真的有了那个经验时，你就会更了解（可参见《庄周梦蝶》）。

现在有的人会自称：我开悟了。可是"我"虽然不见了，却只见别的，这样其实这个"我"跟他没有合在一起。开悟时，万物跟"我"是合一的，不会有一个"我"在那边观想或批判；神秘主义说我就是他，所谓开悟的体会是"已经有那个体会"，而不是"知道我该这样走"。开悟时，你就知道了。

在此，我要举禅宗公案里曾用的两个词"桃花之色"、"击竹之声"，这是什么意思呢？桃花的美与色，是我们可以用眼睛去观的，可是禅师开悟时，色即是眼，眼即是色，两者已经不分主客。"击竹之声"的意思也是：禅师悟到，这个不是外物的声而是耳朵之声，这个声跟我的耳朵是合而为一的。

佛教参禅者说，神不是绝对存在的，也没有不变的本质，所以是"空"；世界也是个"空"，才可以包容我们跟万物的存在，一切都是相对的。这跟我的想法"除了神没有别的"是一样的，只是他们不用"神"这个名词；他们不承认绝对者，也不以神的名词来称呼。所以，很多人会误以为佛教是无神论，其实是，佛教并非西方定义的"一神"。

所以，所谓密契者的参悟、开悟，就是瞬间纵向跟神连接，不用听任何道理、文字，甚至超过文字，而是直接了然于胸的那种感觉，就是无条件的爱。当你感觉到无条件的爱以后，你就有完全的喜悦跟自由，因为你知道你是被疼爱的、有神恩的。你不会觉得非要有某种建树、非要改造自己成为圣人，才能得到这份恩典、这份爱；假如那样才能得到爱，那就不是无条件的，那个就是送我，我也不要。

预言双生子的出现

通灵者曾经预言说："我有几件事要告诉你，你母亲快要走了，六个月之内就会往生。"母亲那时候已经九十几岁，所以我并不觉得她的话犯忌讳，知道她快要走了，只要很平安就没有问题，这反而让我觉得心安。我每年都会回美国看她，她信教我不信教，如果我去跟她传教，反而蛮奇怪的。虽然她信教，但一听到我跟她讲死亡，她还是有点恐惧，她说："你不了解，我们这个年纪的人讲起死亡会很怕。"所以我不太敢跟她讲。不过，我后来还是跟她讲了，我说，我大哥会在那边等你、欢迎你，你不要害怕，等等。

通灵者还预言说，我还会遇见一个新伴侣，年龄跟我相差不多，也是六十岁上下。对于一个男的伙伴，我那时候根本没有那种期望，孔子说"七十而从心所欲不逾矩"，我很了解那个状况，我已经没有欲了，怎么会逾矩？听她一讲，我就吓了一跳，而且那是在我根本不想找伴侣的时候。不是说没有思考过这个问题，一个人还是蛮孤单的，但这不能勉强。其实我并不喜欢比我老的人，已经这么老了还要去伺候别人，行吗？而且要双方都喜欢，不能有一方勉强，想来就觉得不可能，所以我从来不会起这个念头。

通灵者说，这个人的性情很热情、正向，朋友很多，虽然如此，我还是会喜欢他。这个"虽然如此"很奇怪，反正听了我也不当一回事，因为我根本就不要，不要当然不会有。

她跟我讲完后，过了两年都没有动静，我心里面完全没有波澜。对于别人长得俊不俊，我会看，因为我是爱美的人，但是不会心动，所以我一直仅止于审美上的欣赏。

可是到了2010年的时候，那位灵媒到我家来住了一阵子。有一天聊天，我说我现在比较"松动"了，假如有就有，没有就没有，可是我觉得那还是不太可能的事情，也没有盼望、渴望、期待。后来大概过了三个月，在半年之内就发生了。

在某一次我参加的一个团体里，果真有缘相识了这么一位男性朋友，在两周时间里，我们大家都在一起，我们两个都觉得彼此的性情很像，包括个性、喜好、对宗教的兴趣、个人修为，等等，可是我们的背景是完全相反的。他比我有服务精神，我没有。两人对于诗文、音乐的感觉都非常灵敏，讲到什么都很有默契。我心想，灵媒的话要应验了吗？我觉得我们两个互相吸引，完全没有任何利害关系，没有任何条件，无关外表、身高、学问、财力，通通没有。他在知道我是《先知》的译者后，就对我很有兴趣，他想：怎么会有这样一个人跑到我面前来？他很喜欢《先知》那本书，很早就看过了。然后，没有任何条件，两人就是这么样地彼此喜欢。

以前，坠入爱河会让我迷恋对方，那种迷恋无理可说，我会深陷其中、执迷不悟，要求比较多；但这一次，我只是非常喜欢这个人，看到他就很快乐，不用讲很多话，寥寥数言就都明白。我觉得喜欢这个人很重要，不只是迷恋，迷恋是强制性的、强迫性的，是身不由己的，但这一次是真心喜欢与这个人做朋友。

后来我们相认，他也觉得很奇怪，就是不由自主地喜欢我，他说他看到我的内在美，他给我的感觉则是一位很老派的绅士。回来以后，我就赶快跟通灵的朋友求证，那时候她不在台湾，我写信告诉她经过，她进入冥想之后，回信说：就是他！他就是你的双生火焰。

"双生子"最早是柏拉图提起的，他说每个灵魂生下来是没有性别的，后来分裂成两个，各自去体验人生，可是中间不一定会再相遇。因为是双生，所以很多地方很相像，不过经历会很不一样，他们可能会到处历练，到最后再见面时是任务差不多终了时。这种感情很强烈，但不像普通恋爱的吸引力，并非"致命的吸引力"！

我以前也看过这一类的书，可是当时都觉得，那只是一种穿

第四堂　依爱随行：除了爱，没有别的

凿附会，是安慰自己的借口，一个人很热情地爱上某人，他就说："啊！你是我的双生子。"对方不承认好像也无妨。我觉得这好像有一点勉强，戴顶帽子上去，使你逃不掉，所以我心里很诧异！

后来，那个灵媒朋友到我家来的时候，她说，她自己那时候也不相信双生子这件事情，她原本的想法和我很像，也认为那是假借名词要骗取什么。这就有趣了！假如她想替我撮合一桩缘分的话，她怎么可能这样讲。当她根本不相信这个说法的时候，讯息就自然进来了，她只好跟我讲，她也不清楚为什么会这样。原本跟她的自我意志与信念是相反的，但她却接收到这样的讯息，更证明这故事不是她编出来的。

这让我觉得加倍的开心，因为，她讲的关于我的一切，都只是讲述而已，无从验证，而如果她的预言实现了，就能反推证明她讲的其他部分也是准确的，不是吗？我是这么想的。我本来是充满喜悦的，但也不想逗留人世太久，现在因为双生子的出现，好像出现了变量，要把我留在人世更久一点。

真正爱上自己

这样的恩典更让我喜上加喜，每天都非常感恩。但我们之间也不是马上就一帆风顺、海阔天空了，因为两人都还在人间，他还有责任未了。总之他是很有趣的人，我们现在还是很好的朋友，不可能怎么样，那就看未来了。

人的日子是过一天少一天的，每天我们都离死亡更近一步，死亡好像是个结束。我若说，过一天就少一天，他就说，不是，过一天就多一天，所以他不急，我们就是这样有趣的互补。我很尊重他的处境，他的人生中还有一些天命没有完成。他自己个人的责任未了，他要先去完成，我当然不能去左右、控制、改变他啊！这才叫做善缘，互相支持、扶持，彼此喜欢。

在我们共处的那两周之内，他算了算他还有几年可活，还要做什么事，然后他讲了一句让我难忘的话："你的余生，就由我来照顾。"把我吓一跳！他明明知道我的年纪，他比我小七岁吧！那个团体里面有漂亮的、年轻的、优秀的女生，他反而喜欢我这个老古董，真的很奇怪！怎么办？就只好接受。在合一那里臣服于神的爱，现在是臣服于这个爱，所以我说"依爱随行"的爱是神的爱，也是人的爱。这个"爱"是内在的动力，"行"是外在的表现，不论是生活态度、做事、待人，都是依爱而表现于外，以行为落实。这就是我以后的样子。

这个喜悦，并不是因为我此时怕孤单、怕老、怕不能动，却刚好找到一个我渴望的伴侣，而是因为通灵人前面讲了那么多，然后再加上已经实现了的两个预言，我觉得自己是如此被宠爱，被恩典护持的。反正，我很开心。我现在更能接受不完美的自己。现在有一个很美却意料之外的结果，不管以后会怎么样，此刻我都是充满感恩的。

现在，我更容易放下那种强硬、坚持、固执，把心放得更柔软了，因为爱是柔软的。我也更喜悦、有活力、信任生命。以前会有种种担心，但这件事让我觉得，我根本没有期望、渴望，好像该来的就来了，不必花力气去求、去拜，我一打开心房说我可以接受，他就出现了，真是太奇妙了！所以我现在更相信缘分，随顺天意,"与神同心,依爱随行",就是这么的美妙!

我生命的中段有很多时间是像无头苍蝇一样在寻寻觅觅的,当时我内心没有现在这么快乐、充实、喜悦,外在的东西也不稳定,那是因为没有信心,随时恐惧失去,患得患失无法自在。我现在最高兴的是,我第一次喜欢自己,第一次爱上自己,感觉到那个无条件的爱以后,心里面就觉得很平安了。真的爱上自己以后,就有别人来爱你,而且也是无条件的。如果是年轻时我们相遇,也许他不够成熟,会很浮躁,或者我自己的要求太多、恐惧太多,需要改变他或改变我自己很多,两人就会挣扎不已。

可是,这时相遇,不是很美妙吗?

自律道德重于他律道德

我越来越肯定自己是外星人,因为一直以来,这个世界的东西好像跟我不太合(现在就比较OK了)。因为我是外星人,所以不了解人间的种种,而人间的规则总是慢慢演变出来的,例如传统、教条,等等,又因为我是老灵魂,觉得这些都离我很远,所以我在为人处事方面反而显得有点幼稚。我对这个人间不太了解,才会一直想要去了解。我不了解爱到底是什么东西,因为渴望,所以我拼命追求。

我小时候就常常在想,我这一辈子太不了解人,所以要多看小说,多从别人那里去体会究竟。这个世界这么大,从我自己狭窄的一生如何了解人是怎么运作、怎么触动人心,才会有这一路走来对人的兴趣，才会到处去追求爱。

一般的人则比较守旧、保守，守旧只是因循一般人公认的规则，觉得应该这样做。可是，我不觉得自己应该沿袭世人陈规，而是应该革新，应该换个角度重新审视。比如，我们以前读四书五经是被迫读的，所以比较叛逆、不想读。如今到了这个年纪，偶然会忆起其中几句，发现有些真的很有道理，越来越觉得所谓做人的那些美德、规范，比如忠孝、仁爱、信义、和平，也很好。

可是，我觉得我是一个不忠不孝的人，但幸好仁爱、信义、和平我都有。为什么说我自己不忠不孝呢？因为我觉得所谓的"忠孝"，是针对你的国家、同胞、父母，而不是狭隘的、国族主义的、民族主义的，会造成分裂而不是融合的。

不是说不要对人家好，不要尊重、敬爱，而是说，我会尊贤但是不会敬老，因为老并不表示他就特别值得尊重，你也不用因为我老就怕我或尊重我，我其实是很返老还童的。所以，假如你是忠于一些比较大的原则，比如说和平、仁爱等，那就比较好。假如你只忠于自己的国家、忠于你的党，那就不太好了！这可能会让仗永远打不完，这个世界永远不会和平，因为你要忠于党、忠于国家，于是，党同伐异，纷纷扰扰。我根本不觉得我是属于哪儿的人，怎么会有忠？不是美国人，也不是中国人，简而言之就是不是人……还在学做人，那么，只要我有一点像人就对了。

孝也是一样，你应该对每一个人都有慈悲之心，不是只爱你的父母。假如父母做得不对，你要想办法感化他们，而不是唯命是从；当然也不能弃养父母，这种事情基本上是违反天意的，可是你也不要因为他们是你父母就去顺从他们，他们不是你的父母你就不爱他们。这就是我所谓的不忠不孝。

  基本上，一切都是自律道德，而不是他律道德，他律道德是别人说了算。我深深感受到的是，我自己的心底有一些基本的律则，基本上是平等的，爱自己、尊重自己，也爱别人、尊重别人。尊重是最重要的，不要以为自己最了不起，把别人通通视若尘土！众生平等，四海皆兄弟！我那位双生子也说，我是从别的星球来的，所以现在大家都认为我是外星人。还好我长得还没有像外星人那么难看。

第五堂 人生意义：真善美对应信望爱

真善的东西是美的,而用美学可以陶冶人的性情、宗教情操,可见美学是一个可以取代宗教的东西。真理像珍珠、水晶一样,非常的美,可是若被外面的东西框住了,就会有点失真。

今天要讲的主题是"真善美"还有"信望爱"，以真善美来对应信望爱。

那什么是真善美呢？真善美就是人生的意义、宇宙的本质。

理想主义，宗教情操

《先知》这本书是我真正进入心灵领域的入门书。其实我本来并不想翻译这本书，但因为我实在非常喜欢并被它深深感动，它文字很浅，意思却很深，可以慢慢揣摩其韵味。

我还想跟大哥分享，他是神父，英文非常好，但他却不看。我拿给朋友看，朋友说这英文诗看不懂，我觉得好遗憾。就是因为有那种找到好东西就拼命想和人分享的心情，后来我只好去做翻译了。

现在回想起来，很多事情都比较容易看清楚脉络。我为什么一直提这本书呢？因为这本书的内容涉及人生的各种面向，讲得很简短，却很透彻、深入、感人。我记得书中有人问先知，关于孩子、婚姻、爱情等很多问题，到最后先知已经要坐船离开了，祭司就说，请你跟我们讲一讲宗教，他的回答是："这一天我还说了什么别的吗？……你每日的生活就是你的庙宇和你的宗教。"这就是我对宗教的认知，他不是理论，更不是要证明什么，而是你在生活中就表现出对"真善美"的信仰。

前几年，在台湾出了纪伯伦的全集（共计五本），有的是他用阿拉伯文写的，有的是他到美国后用英文写的。他的作品全部被收集在一起，出版社希望我写一个序，我就把其他没读过的，全部都好好地读一遍。

书出版以后，杨照在电台的节目中邀请我受访去聊聊《先知》，讲完后，他就笑着问我，王姐你现在还是一个理想主义者吗？那时候我也六十几岁了，但看起来还是傻乎乎的！我基本上就是一个理想主义者，如果我不是，而是把人生看得很灰暗、很无趣、很悲观、很负面，那我活着还有什么意义？虽然理想主义者也常常会受到打击，觉得这个世界并不如想象的那么美好，可是我还是选择以理想主义的想法活着，我就是不放弃真善美。这种理想主义虽不是宗教，却有宗教情操。如果没有这种追求、渴望的话，那人生还有什么意义？

2010年，我与初中的班主任兼国文老师联络上了。我们有一段时间失去了联系，我出国之后，她也跟她先生到各地旅行，我们在美国加州见过，后来又联络不上，直到她找到我了，才知道我已回来这么久。她以前在校时就很喜欢我，她是非常虔诚的基督徒，到任何场合一定要传教，视传教为职志。

我们现在有时候会见见面。有一次在同学会上见面时，她就当着大家的面忽然问我一句，她说："王季庆，你是无神论者？"我吓了一跳，当时那个场合也不可能澄清什么。后来，另外一个同学请老师去她家吃饭，也邀请我作陪，只有几位同学在，我就抓住机会，趁机把老师请到一边，说："老师，你上次问我是不是无神论者，我想告诉您，我不是无神论者，不但不是，而且我还深深地爱基督、宗教、美、善。"我跟她解释我从合一回来以后的那种感觉，跟大家一体的感受，不分你我的宗教，没有种种分别，通通是一家人，以合一的爱，体会这种爱，才是宗教真正的本质。她听了也很开心，大概觉得我有救了。

我不是一个反对宗教的人，更不是无神论者，我只是不信奉、不崇拜任何特定组织性宗教里面的神，可是我尊重任何人对于神明或者宗教的信仰，这些信仰的出发点都是一样的，都是对超越的一种追求与渴望。最怕的就是宗教垄断真理，认为别人讲的都是邪门异端，尤其新时代往往被传统宗教内的人们认为是邪门歪道。不过现在的时代在变，能够接受的人已经多得多了，只不过由于没有组织，无法归宗与认定。

用科学证明玄学

最近有两位蛮有名望的社会人士，直接、间接地触及"新时代"精神。一是长庚生技董事长杨定一博士，他是王永庆的女婿，从巴西回台湾后，就在发展生技产业。他有一次接受访问，我听了很感动。他虽然是科学家，但常谈到心灵层面，以及如何过生活与养生（参见《真原医》），而且用的是很简单的方式。我很高兴有这种用很简单的东西来解释科学的理论，可以让人马上理解，不像我们讲得很玄，人家听不懂也没耐心去听。

他用水分子举例，来证明万事万物都是有意识、可以感应的。《水知道答案》谈水分子，这是日本人做的实验，实验很简单，可是能说服一般人，因为一般人常常问，有证明吗？书中就证明水分子会对善念、温柔、赞美的话有反应。他从这里切入，提到人体细胞中70%的成分都是水，水会对美好的话、想法与爱有反应，变成很漂亮的结晶。如果我们骂它，它就会变成脏臭、乱七八糟、畸形的东西。这教我们人类要有善念，一切东西都是一体的，要在爱之下互相沟通，才能达到最好的结果。我们若保持对万物的赞美、喜欢，每个都像是真理或真善美的一部分，就像大拼图的一小片，虽然看似渺小，但是作用可能很大，而且是不可取代的。

一个老板若有这样的认知，会影响整个企业与操作，因为他以这种信念去经营他的企业，对员工、家庭都会有所影响。每个人都有影响力，不分身份、职业，起码你首先可以改变自己，让自己活得很好，然后你身边的人也会因为你的感染而活得很好。

还有一位是台湾大学李嗣涔校长，他的公开讲座录影在土豆网、YouTube（编者注：全球著名的视频网站）上都有。他从当教授时起便用科学方法研究特异功能，先做了很多气功的研究，发现能量、磁场、气的变化，曾有书籍出版与论文发表。那时我也曾经去台大听他讲演，内容很有意思：他讲用手指识字，人的五种感官可以互相代替，以科学结果证明了很多玄学的理论。

第五堂　人生意义：真善美对应信望爱

有一位高桥舞小妹妹，是日本人，她在李教授的帮助之下受过多年训练，高度开发自身的许多潜能。其实每个人都可以训练得出来，只是有的人快、有的人慢，每个人的层次不一样。这个训练很有趣：用一个不透明的袋子，放入写有字的纸片，让测试者把手伸入袋子中以手指认字，受测者并不知道放进去的字是什么，却能以手指而不是眼睛读取，并正确写出来。受测者有时候看到影像或听到声音，就会哈哈笑或讲话。李教授有个实验是：神圣的东西到底存不存在？他的结论是：神圣的东西是存在的。他说，意识有很多层，当手指接触到纸片，会先筛选，再传到脑中的屏幕（第三眼）上。李教授用这个实验试过很多字，发现每遇到有神圣意涵的字，受测者就看不见。比如"佛"字，她就只看见光，假如测"佛山"两字，她就只看见"山"字，而"佛"字是亮光，看不见。如果不是神圣的字，则会被看到并被写出来；如果是圣人的名字就会让人看到圣像。比如说"药师佛"，看得到"药师"，但却看不到"佛"字，若把"佛"去掉，"药师"显现出来还会有中药的香味。给手指识字者看"耶稣"，看到的是发光的外国人。

他的解释是：的确有一些神圣的存在，他们是特别的，他们是超越我们物质界的。他推理说，每一种信仰就像有一个专属网站，就像密码对了就会进入专属网站一样，我们遇到它们时就会感受到一些反应，非常有趣。

如果你的心是向真善美敞开的，便会处处逢源，发现现今世界上各国、各文化、各阶层的人都会有意无意地发出"信望爱"的讯息。这并不是旧时代的精神病、妄想症，以为世人处处与我为敌，而是新时代"无可救药的乐观主义者"。当你发现连汽车广告都突然出现"当爱已成信仰"这么美的字句时，怎能不会心一笑呢？

认清信仰，自律发愿

宇宙之奇妙，实在非我们一般的逻辑推理可以想象。有那么多的信仰系统，也可以说那些都是分属于不同的空间、次元、层次的。当然，我没有资格说哪个是第几层，但我觉得一个人要有自知之明，你要通到比这更高的层次，下面的层次看得清清楚楚时，才有资格说这是第几层。现在有的人说他自己开悟了，一直说他可以给你加持、开悟，甚至教你，并要求收很高的费用，这是独霸权威性的，我觉得有问题。

基本上，灵性领域有许多不同的层次，你相信哪个，专注其上，就会与之接上。我自己是不会去念咒的，我相信它的存在，也尊重它的效用，都是与人为善、教导人的。如果你觉得自己跟它很有亲近感，就可以去照着做。

后来，我想到我曾看到光的那个经验，那是直接看到光，没有任何形象或言语，也不知道那是什么次元，可是当时的感应真的是充满了爱、喜悦，一切都不用担心，一切都可以放下，完全平安地处在当下，太开心了。

前不久听说有个派别会给你一个贴纸说这是消业，用这种很简单的方法，竟然还去注册商标，规定一般人不可以用。这很可笑，开悟的人怎么会做这种事情？如果说开悟的人就可以拿任何的东西（先不论其信仰或神力）说这个可以消业障，我才不信呢。第一，我对"业障"这个字不太苟同，如果你相信业障，而且相信这样就能消除业障的话，那就像西方中古世纪的赦罪券，连告解都免了，只要花钱买赦罪券，所有罪恶就能一笔勾销。如果真是这么容易，那老早在佛陀、基督还在的时候，所有人都已经超脱了！

假如那个教派只是复述教义、背诵教导，而且严格规定其神圣不可置疑，用很简单的咒语把你同化为他的弟子，其实这是一种催眠与销售手段。在那个状态下，是集体的力量让大家相信，所以在感觉上那个方法似乎很有效。在一个宗教或宣传场合，传道者讲得口沫横飞、动人心魄，如果听者全然相信那个能量，能量就真的会聚在一起，那个磁场是非常强的，因为相信的力量是很强的。大家都相信后，能量更会加倍。

我小时候曾经想过去当修女，皈依佛教后若要当比丘尼就要遵守好几百条戒律，天主教的要求只有三个：一、服从；二、安贫；三、守贞。派我到哪里服侍我都没有意见，我当时最大的问题是服从，正值青少年阶段的我不能毫不质疑地照单全收，也无法完全服从。服从教义对我很难，更何况我也没有办法做到生活上的绝对服从，后来就渐渐打消了这个念头。

发愿是要自动自发、心悦诚服的，所以我没有办法勉强自己。如果知道自律，就不会去做伤害别人的事情，也不会想方设法去牟取利益、骗财骗色，以权力操控人家。除非是心神丧失者，要知道自己的内心是很容易的，一般人都是凭着自己的良知就知道善恶，而不是听到来自外面的规定，这是与道德无关的。

社会上的"道德"是"他律道德",只是社会公认的伦理或传统,是因当时社会的需求而发展出来的一套规则。我们不需要为反对而反对,但也不用盲目接受,自己用心衡量即可。

"真"的不同层次

那么,什么是"真"呢?所谓"真"有好几个层次。

一个是真理,宇宙或人生的真理,可以以很多方式来讲。宗教中有很多的规定、教义并不是所谓的真理。真理不分任何的界线,就像前面讲的那个水分子,它可以证明"善"的力量。手指识字实验,证明神圣意识的存在,这些都是真理。

还有一种是真相、事实。赛斯没有说他讲的是真理,只说是事实,他蛮谦虚的,也没有要你一定要把他的书全部都读完,或是要你去拜他、求他。他说在原始社会的人们对自然都很尊重,没有远离自然,他很喜欢,很推崇真正没有远离自然、保有赤子之心的人,不过这样的人并不需要他。像我这种有很多问题,想很多有的没的,一直要钻牛角尖的人,需要解答、逻辑、推理的人,就需要读他了。他的"说法"令我心悦诚服,实在太精彩了。

还有一个"真"的部分是真诚、诚实,对自己要诚实。而我发现大多数人都不太诚实,有很多谎言。诚实是你要非常真的看见自己的内在、思言行、感情,要很诚实地看到,然后接受,不要批判,自然会有正面的改变。像我把自己的故事都翻出来给大家看,都讲出来,会被批评也没关系,因为在合一训练时，导师要我们"透明"，要很真诚、透彻地看自己。

为人做咨询时，很多状况都是：个人的潜意识或意识没有办法接受更深层的东西，因为受制约所限，人们总希望自己很完美，无法面对自己真实的感受。如果只能够接受正面的感受，无法接受负面的，想改进也没有用，因为你根本没有看到自己的全貌，如何改进？你不过是在替自己逃避一些痛苦或是疑惑，只希望给人看到自己光鲜亮丽的一面，灰色和黑暗的就留给午夜时分的自己；或者根本不想再去追求什么，只想把自己不舒服的部分给掩盖掉，这就不是真。如果你对自己不真，午夜梦回你就还是会觉得不对劲，不能完全坦然、自在、快乐、自由，你会被你自己的东西卡住。

宗教经典中也有很多真理。真理像珍珠、水晶一样，非常美，可我们若是被外面的东西框住了，就会有点失真。

新时代大师讲的"真"

讲到"真"的部分，我觉得一些新时代的大师讲的就比较真实，很多都讲得很好，当然有些书是我翻译的，可能因为我前生有好几次都在译经书做祭司，看到那些资料，心里面就会与之呼应，觉得：哎呀！太棒了，怎么会有这样美妙又熟悉的感觉。那种讲到人生、宇宙、真善美的经典，我一看到就会赞叹不已，这就是真的东西。

最近，在YouTube上看到一则最新的讯息，觉得那真是涵盖了真善美的讯息，它叫做"希望讯息"，非常有意思，虽然只讲了一小段，却已令人迫不及待地吸收了！听说全部材料要很久才会被整理出书，所以我只能节录几句，相信大家也会有共鸣的：

＊心的能量场要比头脑大很多倍。

＊心和脑的混合创造会以情感的方式表达。

＊一切皆为振波。

＊人倾向于将自己与自然分开，其实人是自然的一部分。

＊当我们处于正面情绪之中，陶醉于夕阳美景，或感受真爱、同情他人时，心跳就会发出非比寻常的频率，可以影响周遭的人。

＊在最深层的亚核世界[1]，我们事实上是"一"。

赛斯书是一本大部头的书，会吓到很多人，可我还是怎么看怎么好，只想要找其中最好的一两句都不太容易。像我看赛斯书时，很多地方都画满了线，无法只撷取一段跟大家分享，每一本都有非常好的东西。

像《宇宙逍遥游》是用白话诗的方式写作，也是谈到关于人生种种，比《先知》更繁复一点，可是基调与《先知》很像。看了就会让人觉得，在人生中，一切都没有问题。比如说，我们都是不完美的，可是这个"不完美"很完美。

还有像欧林的资料《喜悦之道》，我第一次看到就打心底暖起来、热起来，现在再看，还是好开心！近来有新版出现，我花了很多时间修改，可是我一边修改一边发现，我好像都做

---

[1] 亚核世界即超弦场，而超弦场即统一场。

到了，所以觉得特别开心、喜悦，因为那都不是问题了。他说，有很多人喜欢苦修，认为苦修才是正道。其实不用苦修，要"乐修"，要喜悦地去修，走一条喜悦之道。他说那些选择苦修的人是值得我们同情的，可是我们不要选择苦修，要乐修。这个很容易看到，大家以后也可以看。

还有像《与神对话》的尼尔，也非常好。我发现不管是珍还是尼尔，都是天主教出身的，好像信天主教的人特别喜欢责备自己，觉得自己有罪，觉得自己不好，一直想要追求百分之百的纯真，结果却永远觉得自己不好，就活得很痛苦。直到回到源头上，才发现自己不必这样，其实一切都很好、没有问题，是自己想得太多，不要那样想就好了。

赛斯一开始便给人们一记"棒喝"——你创造自己的实相。一开始很多人受不了这个"真理"，渐渐的，这句话变成新时代各位大师公认的真理。认清、相信了这一点，才会回头来看。"我为何创造了这些不堪的经历？"——并不是强调你有多糟糕和无用，不是显示你的缺陷，让你非常的失望、悲观、愤怒、恐惧，甚至不知道该怎么活下去，也感觉自己看不到希望。其实，那是因为你没有看到善跟美才会这样子，只要认清了以后，你就可以有各种层次的"了悟"。所以，新时代教我们，如何把负面的挫折转变为正面的礼物。并不是说人生没有负面，而是我们有智慧把他转成正面的，这是一个学习的过程，教你如何化解，把它们反过来，变成你透过这些东西学习，学到以后就通通没问题。

像《灵魂的旅程》与《灵魂的秘密》这两本书也非常好

看，比较易读，可是讲的道理很深，它是在讲人生的整个过程，人走了以后还要再投生等种种的过程，讲得相当有意思。

我这个人不接受传统里的有关"业"的说法，业不是一种报应，而是：你没有来以前，经过那些长老、指导灵一同为你做参谋，指导你、引导你，说你要选择什么样的人生，你需要学习的课题，然后你要设定什么样的个性才能学到。因为如果我们太完美，就什么也学不到，就不用学，也不用来了。你来了以后，就要把这些东西消除一下，就好像一场戏。

赛斯说人生是学习、是教育剧，不需要那么悲愤。人生一直在轮转，看你要学什么，学好了下次就学别的。这都不是强加在你身上的，而是你自己同意到这个世间来走一遭所设定的。而且，这也并不是被定死不能改变的，当你觉察时，你就已经开始转化了。这就是"业不是别人可以帮你消的"的意思，别人最多只能教你静坐、催眠，找到你的问题，但那些只是辅助工具。所有你能做的也只是：经过所有过程以后，你就会知道如何进入内心与神连结。了解这个道理很重要，可以增加你的信心，让你知道自己的方向，看到自己的兴趣是要从哪一条路去学，但这里没有规定一定要你怎么样。

尼尔说的主要是西方的观点。在西方，基督教系统最盛行，他是天主教出身，然后经过人生折磨，到差不多五十岁时一败涂地，沦为游民才开始接到这些讯息。这是个绝佳的例子，证明没有一件事情是真正让人绝望的，你只要活一天就有希望，就有转机。不会完全没救，只要你放下那个"我就是冲不过去"的执着，回头停一下，看看到底怎么回事，到时候所有的阻力一转，全都会变成助力。

至于"开悟了没有"，这个问题很难讲，因为我说过，如果你所处的层次比开悟还要高，你才会知道什么叫开悟！无论如何，到那天，你心里面就要完全打开，充满了喜乐、感恩，对于一切给你教训的人，你都会谢谢他！因为没有他，你达不到今天。像这样，我觉得就可以了，你们觉得呢？

宇宙人生的道理

讲到"真"，真就是用知性、理性、理解、明辨，加上直觉、了悟。"真"是先用你的理性去了解知识，只是对知识的了解就如同你进入了图书馆，还要配上直觉、经验，然后变成智慧，才是真的，不是死板的东西，不是拾人牙慧；有了融会贯通的智慧能力，就好像一打开灯，智慧的亮光就照下来了。赛斯讲过"光照"，也可以将它翻译成"觉照"，是一种意识的状态，因为你觉知了，好比光照下来，这个新的能量要大过智力，直觉加上知识、理性，才会有光照、觉知。

赛斯讲的一个根本东西是：人是怎么来的，以及为什么而来？他讲的最有趣的就是创世。所谓"创世"就是物质世界的产生，当初只有一切万有，没有形体，只有一大片光、一大片能量。这些能量都有意识但没有物质，完全是抽象、无形的，就像在梦里面。艺术家的创意会产生作品，例如写一本书、画一幅画、写首乐曲，创作的过程就是创世的过程。

假如你有这一类的任何经验，你就知道，酝酿的时候你就像是在一个梦里面，越来越多的想法、灵感一直酝酿。这个世界是从一切万有的梦里面出来的，这个梦越来越复杂、越来越多，三千大千世界全都在梦里面展现，可那还只是梦！一切万有可能都会觉得，创作的压力使他不知道该如何表现。有这个世界、蓝图、想法、概念的梦，可是他不知道自己该如何把它们显化，就像生产的过程，婴儿总会日渐长大。最后，他想通了，要把他的一部分从自己内在分出来。注意，那只是他的一部分，并不是全部，因为他有无限的能量，他要把部分能量分出来，变成一个具体的东西。这就是创世的经过。

在那一瞬间，能量不可置信地爆发出来，形成我们的世界，形成我们的灵魂，形成一切。很多宗教都讲超越，神有他的空间，我们像虫一样永远爬不到那么高，所以永远没有办法变成他，如果我们想要变成他，就是一种很自大、傲慢的渴望。其实赛斯说，神把自己的一部分分成我们每一个，让我们在物质界成为他的显化，我们便成了神的共同创造者，世界的共同创造者。所以，神是未完成的，我们也是未完成的，我们一直在变化中。存在就是变化，因为一切万有都包含着我们所有的一切，他的分灵都在继续成长中，所以他也不可能完成，他也在继续长大。

这个观念非常具有爆炸性，每次想到这里，我的头都要炸掉了。不过，不管是情感上还是理性上，都比一般的观念更能让我接受。对于赛斯所说的，我不见得完全都懂，就像我不可能完全懂物理一样，可是我从直觉上感到他的确言之有理，是有这个可能，这是一个开放性的说法，非常感人。

第五堂　人生意义：真善美对应信望爱

他又说，这样并非你就跟神分开了。我们的心、灵永远是连着的，只是我们无法觉察，这是"统一中的分离"。我们都在他里面，全部都在他内部，都是他的一部分。尤其令人窝心、安心的是：一切万有都有个部分是倾向你的，它会呵护你、照顾你、守护你，假如你有什么痛苦、没办法解决的事情，都可以跟他祈祷、祈求。

赛斯在《未知的实相》里讲过一段很美的话："只有一个神，但是，在他之内有许多神。只有一个自己，但是，在他内在有许多个自己。在一个时间里只有一个身体，但是，自己在其他的时间，有其他的身体。所有时间都同时存在。"他说一切万有在开始之前，在自身之内，都包含着所有可能的创造力的无限冲力。《未知的实相》就是在讲"可能性"，这已经超出我们对物质世界的三维三度空间的理解。

赛斯还讲，一切万有一边走一边创造实相，每个世界都有自己的推动力，然而万有终究是相连的：一个神圣创造力的真实次元，对"不论其重要性为何"的任何一个意识，都是不可忍受的！这句话的意思是说，有各种复杂或简单的"不论其重要性为何"的意识构造，我们没有办法去忍受这个神圣的创造力，因为它太大了！它其实是我们无法想象的一种爱、一种力量，那就是光，就是亮，就是爱，那个光华无限的次元，那是我们现在想都想不到的！

我们现在才讲到三四次元，还有十一、十二次元，以及别的异次元、外层空间世界。现在这些东西越来越多，假如大家看《关键报告》就会知道，人类已经发现很多外星的东西，但没有发现的还有更多，我们最精密的仪器也没有办法看到。赛斯说，在无限里，那个光华，随着宇宙每个片刻的"呼吸"，世界向外盘旋而出，那里面，多少的星星、光、能量，太惊人也太美了，简直让人难以想象！宇宙这么大，这些次元之间必须要有分隔，否则我们没有办法理解、体会。我还是鼓励大家，虽然赛斯不是很容易看，不是一下子就可以看懂，可是，你要是看懂一点，就会受用无穷。

有一位老友，我们刚回台湾来成立事务所时，他就在事务所做事，后来离开了。有一次他跑到位于内湖的赛斯中心，就跟我说：哎呀！李太太，我看赛斯书已经18年了，从儿子出生时就开始看，儿子现在18岁，所以我也看了18年。建筑师那么忙，他规定自己每天看两节。他认为先要喜欢，觉得这个很有趣，才会想去看。他说看第一次时只觉得这书莫名其妙，不知道在讲什么。幸好这家伙很固执，又看第二次时，觉得有点意思了。看到第三次，他说，哇！太好了！他告诉我，他都是这样看赛斯书的：每种书买三本，第一次看时用一种颜色的笔画，第二次用不同颜色，第三次换新的书（第二本）看，才终于看懂了。所以他把每种赛斯书都看了三遍。剩下新的那本，则是留给儿子的。

所以，假如你碰到很大的问题或碰到疑惑没办法解决，觉得这个世界真是莫名其妙，就可以看一下赛斯书。不要贪多，要慢慢看、不能急，看的时候在你感动的地方画线，看不懂就跳过去没有关系，那感动处会一直绕回来，你会觉得怎么好像有点熟悉了，再慢慢看就懂了。还有，我也把《赛斯让你成为命运创造者》这本书中的一些比较重要的观念总结出来了。

麦可数据的重点：灵魂本质的七个阶段与七种角色

再讲一下《大天使麦可的讯息》，传下讯息来的高灵叫做麦可。这是几个人玩灵应盘传下来的，是很复杂的系统，我看了也觉得很震撼。但目前只有一个团体在整理这个资料，我无法把问题拿去请教他们，既没有人可问，也不可能自己去猜，所以我才没有引介翻译过来。不过这数据真的很有趣，至少可做参考。

麦可数据说，灵魂的成长也是有过程的，大约有七个阶段。刚刚生出来时，灵魂是比较幼稚的婴儿灵，到最后会成为老年灵魂，老年灵魂就是快要毕业的灵魂，可以不再轮回了。

现在，到了这个年头，青年灵魂比较少，青年灵魂比较莽撞、冲动、有活力。我们大部分人都是成熟灵魂，已经经历、学习了很多，可还是有一些冲突、欲望没有得到满足，想要成就你的事业或是你自己，还有很多需要你去努力、去奋斗的事，而且你还有一些挣扎，权力没有完全放下。最容易看到的老灵魂是徜徉在山林之间的牧羊人，或是美国森林里专门管理国家公园的管理员、漫游者，在山林里盖一间小屋，就在那边照顾森林，尽力去防止盗伐、火灾，等等。这些人基本上都是比较出世，甚至是隐士，多次转世后，对于世间的权力富贵多已体验过，觉得够了。

每一阶段的灵都有几个特性，在麦可数据中对此都有描述，可以分辨。比如说，老年灵就是很随意的，可能家里乱糟糟的。假如有客人来家里，成年灵一般还是会整理一下，可能会把一堆东西丢到衣柜里藏起来，让家里起码像个样，还是比较在意这些细节。可是到老年灵的时候，他才不管这些，家里就跟狗窝一样也无所谓，因为他根本不在意这件事情。

除了灵魂的年龄外，灵魂的本质还有很重要的"七种角色"，灵魂本身就带有角色。灵魂可以分成哪七种呢？国王对应的是战士，祭司则对应服务者，圣贤对应工艺者或艺术家，而那些无对应者、相对独立的则是学者。

祭司是为了人的灵魂或是心灵的事情而服务或传递讯息的，他会照顾你的心理，是神跟人之间的中介者。服务者是照顾人的社工或护士，这种专门替人服务的人很有大爱，成为这种人很不容易。

还有一种人叫做圣贤，比较喜欢游戏人间，如济公，这一类圣贤的修为很高，但不会很严肃地板着脸跟你讲学问，而是随机教你、帮你。圣贤比较喜欢表演，喜欢用表演的方式去表现哲理，对应者是工艺者或艺术家。

这三对就是六种了，另外一种单独独立出来的是学者，学者比较中立，他没有对应的角色。

从这七种角色扮演中想象自己是什么样子，你会开始研究自己，就好像算命一样，你当然可以照书上说明的按图索骥，看自己是哪一种。可是，因为没有人可以问，我觉得把这些东西译出来也没有什么用。很多本书都谈到过这一点，我讲的还是最粗浅的。

第五堂 人生意义：真善美对应信望爱

还有很多细节，比如你在自己的人生中选择了什么障碍、问题。每个人都有自己需要解决的最大问题，这个问题也是你这辈子以前就选择好的，这些问题全部都交织在一起。光这七种，就足够让你被搞得七荤八素了，没有人帮你解的话就很难处理，所以我干脆不译了，反正有一个作参考就好了。

你选择一个人生问题需要解决，这也可以说就是你的业，并不是你受罚，规定你要来补赎或被别人救赎，而是你自己需要学习、克服的，这就叫做"业"。

"信心"是恩典

还有一本很有意思的书——《天堂教我的七堂课》，作者是丹尼·布林克利。他因为被电击而死了三次。第一次，电通过他的身体，他死去但又活过来，能死而后生真的很少见。他在死去时有很长一段时间跑到另一个世界去，看到很多东西，他第一本书写的就是关于将来的预言等。

他是那种很蛮横的美国人，在小地方长大，属于基督教基本教义派。他桀骜不驯，别人三言两语与自己不合就会导致暴力相向，算是个不良少年。他在经历死亡的时候，讲到一个很有趣的经验（后来很多人也这样讲，可是他是较早么讲的人）：他经历过的所有人生片段，像电影一样走马灯似的被放映出来。其中有一个很特别的经历：他欺负过的每一个人，此时都变成他，而他变成那些人，并体验到那些人的感觉。他一天到晚欺负人，自己觉得很得意，反过来他被人家欺负时的痛苦，不管是身或心的伤害都很大，此时他才真正能感同身受。这个经验给他很大的教训，经过这些，他就改变了很多。

他带来的七堂课，有属于真理的部分。他看到的东西使他整个人都改变了，他完全变成一个全新的人，也从中得到灵感。后来他还发明了一种疗愈人的身体的机器。然后，他还去病房，专门看护打仗的老兵，因为他也打过仗，他以自己的经验去安慰那些退伍的残障兵或受伤、临终的人，给了大家很多帮助。

"真"的话语，大家是可以看的。现在有很多这种书，可以让你更有信心，因为"真"对应"信"。一般人看到科学事实才相信，但很多不是科学的东西，就要凭你的信心。信心就是信仰，信心跟相信是不一样的，我相信一件事情并不表示说我有这个信心。信心在教会里是一种德行，信望爱就是信德、望德、爱德。没有经过证明就相信的，叫做信心，因为那不是根据事实、按照推理而存在的。信心是靠恩典，直接给你的恩典。

耶稣被钉死，后来复活的时候，来到他的门徒聚集地。有一个叫托马斯的人，他想，既然耶稣已经被钉死了，他就要看耶稣的手，看有没有伤痕，是不是骗人的。假如他根本不是耶稣，就没有伤痕。他要看耶稣的伤痕，耶稣就给他看，然后耶稣说：你因为看见了我才相信。那些没有看见我就相信的，才是有福的！他们靠的是"信心"。

第五堂　人生意义：真善美对应信望爱

人有许多面向

除了光明存在，"恶"到底存不存在？恶显然是存在的，看我们自己也知道，人有很多恶的东西。我们不否认人有一些负面的倾向，可是，并没有一个具体的魔存在。赛斯说，因为很多人把不好的部分都推到魔身上去，魔叫我这样做，不是我自己要这样做的……这就造成了很大的恐惧或推诿，其实你自己去面对就好了，不要为自己的心魔找替身！

赛斯说，人们一直将自己人格未同化的心理成分向外投射。古代的时候，人们将善恶化身为神明、恶魔或魔鬼等各种不同的形象。把坏的性质都推到外面，魔背负我们所有的罪孽，这样只是把自己里面还没有改善、进化的部分推到外面并赋予一个代称，但其实都是出自自己。不是魔附在人身上，而是自己的投射附在魔身上，所谓的"邪恶"就是无知及误解的结果。

早期的人类看到自然力的伟大，于是，风有风神，水有水神，火有火神，这就是所谓自然力的神。这些并没有好坏这两极化的区分，只是人类把自己不了解的东西当做神，这个自然力的神就是能量，他们各有所司，人碰到灾厄就去求他。在有了耶和华以后，西方世界排除了善恶力量之间的所有神明，使得人的心理趋向两极化，把其他的神都切割掉，只剩一位唯一的神。

然而，赛斯说，人不只有这一个身体，我们的灵魂有形形色色的分散部分，这些部分也被称为"片段"。我们必须重新同化自己那些部分，了解与接受自己那些潜能，而不将之投射于外。要为自己的行为负责，不要推诿。"魔"其实并不是客观的存在，被魔附身算是精神病的一种，是自己形形色色的分散部分彼此之间沟通不良所致。

赛斯讲过，你不只是一个自己，在你自己里面，有很多的面向，好像有多重人格、多重次元。沟通方式常常是以自动书写来表现，或是能自动说话，或是能听见声音，或相信来自别人的感应讯息……其实，它们都是来自你内心某一个部分的自己而已。

赛斯说，这种感应往往被归为敌人、神明、魔鬼，现在还可以被归为外星人。这些都是强大的、被压抑的对象和欲望，被归为所选择的特定典型，那个类型会十分清楚地指出某个人的基本问题和难题。

向内看自己为什么会有这样的附身，你认为你是被什么附身、有什么样的性质，其实这些问题是在指出你内心的问题，表示你压抑、不承认的那个面向。因为人格的戏剧化、夸张的拟人化让你变成另一个人了，他们会成为"当家的"来控制你，其实这不过是你的一个面向，只是你不承认而已。所以，按赛斯所说，一切都是善。

真、善、美被这样一讲好像是分开的，其实很难区分，它们都是环环相扣的。真本身是很美的，善本身也是很真的，而美也是很善的，它们只是一体的三个面向而已，并不是分开且完全不相干的。信、望、爱也是一样：信就是相信真理、真实、有信心；望就是相信世间所有在本质上都是真善美的，那你就会有希望，因信心而有盼望。否则，只有天堂跟地狱这两条路，若你有一件事情没有改过来，就要马上下地狱！而我们都不是完人，下地狱的机会不少，这样的话，我们怎么才能有希望呢？这样活着就是痛苦、绝望，变得既怕死，又怕活。

对自己负责，让意识提升

我一直很喜欢美，美是无所不在的。而且最近越来越多的书都在讲"开悟的人所见皆美"，开悟者可以看见事情背后的那个本质、那个真相。如替赛斯传讯的珍，还有那个被电击的作者布林克利，他们看到万物的时候，万物真的都在发光，而且还是光辉四射的。开悟的人都有这种感觉：与万物合为一体，没有区分，充满了光与爱。

跟《圣境预言书》同系列那本书《香格里拉》，书里的故事是说，有个人到西藏去找香格里拉，也讲到开悟后一切都有了光、一切都很美，那会让你觉得非常感动。这是开悟后看到的，是物质后面那个真实的美。我们在这个世间也有很多的美，美的东西虽然很好，可是宗教会说，这只是物质，有物质欲望的人就没办法好好修行……

以前北大的校长蔡元培就讲过，西方都是以宗教来培养人的情操，但中国却没有一个国教，也没有很深的宗教信仰、宗教教育，只能够以美学来代替。他讲得非常好，确实，坏的、假的、恶的东西，就不美。真善的东西是美的，用美学来陶冶人的性情、宗教情操，这是一个可以取代宗教的东西。

在物质世界里，不同感官有不同的美感功能。看到美的东西，心都会飞起来、心都会被打开，想要欢呼庆祝生命的美、自然的美、灵性的美。什么都是美的，连真理也是很美的。除此以外，像音乐、诗歌、文字、舞蹈，还有小孩子那种天真纯洁，都是美的。能够感受到这些的话，你的生命就会充满了爱、感动，觉得没有白活，觉得是值得的，不用战战兢兢地过日子。

我赞成简朴，一个人不需要太多的物质，但也不一定要苛求别人简朴，自己觉得舒服就好，不必发作"强迫症"！对人有所帮助，多给这个世界加分，比较有意义。不要贪心浪费，贪心浪费是减分，这个世界是大家的，大家都要得到好处。相信慈悲、爱跟体谅，就可以体会到信望爱的力量，而实践了信望爱，这个世界就会更加光明美好。真心的互信，心连心，集体的共同能量就能创造出永恒不变的希望频率，强大到足以防卫并保护我们的未来。

不管是东方还是西方的传统宗教信仰，都把人贬得很低，贬得没有价值。人活在这世界上若没有价值，根本活不下去。活着没有意义，对你、对别人都没有好处的话，你真的会很痛苦，完全没有希望，因为你一出生就是个罪人，贪、嗔、痴都天生具足，永远都想把自己洗干净，可是又永远洗不干净，这就是"原罪"的想法。

我当初离开天主教教会，就是因为我很不能忍受"原罪"的观念：为什么我一生下来就有原罪，一定要受洗才可以把原罪去掉？假如是我祖先做错事，他自己负责，我做错什么事我也自己负责，但我生下来只是个婴儿，怎么会万恶不赦地带着原罪？

我深信我们都是神的一部分，我们显化到物质世界来创造，展现神的种种不同面向和荣耀，亦即我们基本上都是各自不同，却又很平等的兄弟姐妹。

用充满善意的举动影响他人的生命，是非常重要的，这就是要我们施爱给他人，并跟他人分享爱跟慈悲的原因。还有，我们要相信善，善不只让你有希望，而且，若这样相信，这股相信的能量就会一路被反射进天堂。基于"相信永恒生命的爱与完美"所做的事，都会反映在死后世界的生活质量上。你怎么活，死后就有怎样的体验；你相信你有罪，你就活在那个痛苦中。

以下是我给二哥的信，这封信写于2009年10月下旬。

亲爱的二哥：

……

上周四晚上才看到姐姐的电邮，心沉了下去！周五、周六、周日我有个早已报名参加的工作坊，早出晚归，无法以电邮与你交谈，也没时间写电邮，更怕你没心情看长篇大论的计算机文字（将心比心，因为我是如此）。

这几天，我一直惦记着你，想起每年我们见面时诚挚的交谈，真希望能立刻飞去和你面谈！

姐姐和嫂嫂都说你不想再做什么医学治疗了。你心情平静（或是已经放弃了？）我并无意"游说"或强求什么，这个决定应该是你自己的选择。不过，记得两年前我们长谈时，最后你说，在"信仰"、"信心"上，你和我同样真诚、坚定。你也因为我并没失去信仰而放下了心。但是，关于"爱"这件事，你却未能经验到我经验到的：我真切感受到自己与神的连结，经验到神（无条件的爱）从未离弃我，永远与我同在，就在我心中，我即他的一部分！从那一刻起，我第一次爱上了自己，第一次对"爱"（神）臣服，第一次不再孤单。我完全接受自己，完全感恩。因为我感受到他的爱是如此神圣的恩典，是无条件的赠予，不因我做了什么好事，不因我修了什么美德，爱就是"在"。"这就是神，这就是爱"，而我就是目前的我。我不是一个"应该"成为的完美、理想的我，而是不必再去担心"我值不值、配不配被爱"的我。

二哥，人不需要"完美"才会被爱。我们太被道德伦理、社会习俗制约了。由于我们不信神会接受我们，我们便努力自责自咎，以便神垂怜而宽恕我们的错。即使你悔罪，也被赦免，但你仍负着内疚的重担！这些，是"人"教给你的，以便控制你，让你永远被囚禁，活在自己的地狱里。最不爱我们的是我们自己，我们只是做出了一副谦卑敬畏的样子。除非我们接纳了自己，我们才能爱自己，然后才能自然得到"天敬人爱"，而非努力去修善德，努力去讨好神，其实内心还是个充满恐惧的小孩。

由于内心缺乏"被爱"、"被接纳"的真实体验，我们往往不断向外去寻找一份我们渴求的爱。此时我们却发现，不管我们怎么找，那些令我们奋力投入的感情，无论如何都填不满我们内心的空洞。工作上的成就、别人的赞美、人间的享乐，都无法满足我们，许多都是替代品、麻醉品，消除不了我们内心深处的隐痛！

我投入灵性追求多年，也投入疗愈多年，对癌症也投注了不少心力。我相信，所有的病都是"心"病，都是爱的能量受到阻塞，生命能量无法畅通而造成的自我更新。癌症，尤其是由于人受到精神上的打击，产生心理上的恐惧，乃至最后自暴自弃（这很可能是潜意识上的放弃，是不为我们所知的）。

人生下来，都各有所长，也各有所爱，我们都有自己最想唱的一首歌。如果为了任何理由，失去了希望，失去了乐趣，失去了求生的动力，那么……即使光是"存在着的"，我们也会如行尸走肉一般，而"活着"，则是"非凡地过生活"。

非凡地过活就是要活出真实的我，快乐自由地活。快乐、自由、平安等，这些都不是外在环境，而是自己的心境，自己的感知、感受。

我相信，我们全都是相互连结的，我们都是"一"，终极是"一"，而人间是二元的。有相对的二元，才能幻化出无限的变化和美。我们可以很"觉醒"地创造人生种种，也可以很觉醒地"观照"。做人，免不了建立"关系"，我们一直活在关系中，包括与自己、与他人以及与自然的关系。这些关系处理不好，难免会给我们造成极大的痛苦。从与自己的关系做起，"观"自己（非批判性地），诚实观照自己的内心活动，尤其是情感、情绪。不要忽略，也不要排斥，而是接纳。你拒绝承认的，就会一直梗在那儿。而得到你承认的，自会改变、消融。

我们上的工作坊，教我们大声说出"真相不会出错，真相将让我们自由"……当我们选择做我们自己，而非"我应该是怎么样"——这就将令我们自由！其实长久以来，我们一直在做一种练习，就是假设今天是我活着的最后一天，我要怎么过？这就是在提醒我们，人一出生就是一个向死亡前进的旅程。不过，我们不认为死亡就等于"灭绝"，而只是此生的句点。我们只认为与其沉湎于过去的痛苦以及预期未来的恐怖之中，不如"活在当下"，因为这是你唯一可以真正经验的片刻，所以要以最大的平安喜悦度过这一天。

我自己对此生已满足，现在会感恩每一天都是额外的礼物。所以，如果你已体验到爱的幸福、喜悦、平安，那我没意见。可是，你好不容易才撑过几年的病痛，终于得到很大的觉悟和改变，变得平和、柔软、脆弱（承认脆弱才是强者，假装坚强反而是弱者），并且能够重建自己与嫂嫂及儿孙的和谐亲近的感情，我觉得这才是你该勉力活下去的理由！使得你的各种关系更加圆满，更令你和他们都了无遗憾。对了，你一定不要有所谓"未了之事"的遗憾！

二哥读了信很感动，马上打电话来（之前，他已不愿接电话），并表示愿意再努力。

这个夏天，我们三兄妹都在他家欢聚，轻松聊天，回忆起年轻时的趣事，气氛融洽又温暖。

隔年，二哥在感恩节后打电话来，说他们全家三代在感恩节齐聚一堂，他也向全家人致谢与道别。我问他是否"内心很平静也能平静地与神相聚"，他说是的。我便说，那就不要再吃苦，平安地走吧，我爱你。

之后，再打电话问候时，他多半在睡眠状态，最后于2011年元旦逝世。

赛斯在《灵魂永生》里说："当死亡发生时，'内我'会感受到他的自由，并因此产生一种极大的谦卑感，同时又带有一种极大的狂喜。我的所有死亡都补足了我的人生，因为对我而言，似乎别无他途。"

以信望爱来体悟、实践真善美

信望爱里面，爱最重要，所以我们一直在讲爱，赛斯也讲，《圣经》里面也讲。爱就是与神连结，回归本心、真我，就是臣服于爱，爱源源而出，永远选择爱而超越恐惧。

另一个高灵伊曼纽讲的比较容易做到，他说：我们一天到晚在做选择，你做每个选择的时候，请停一秒钟问问自己：我这个选择是出于爱还是出于恐惧？要臣服于爱，永远选择爱而超越恐惧。因为人有时很难做选择，而且有时候事情从表面上看起来都是一样的。比如说我办告解，是出于爱还是出于恐惧？我去帮助人，是出于爱还是出于恐惧？不帮人是不是我的价值就没了，就要被罚？还是那样做只是因为爱？那样做是无条件还是有条件的？

有条件的爱是好的，但不是最好的，无条件的爱才是神的爱。人们行事常常是基于利益，你对我怎么好我才对你怎么好，那都是小爱，或许也不能算爱，只是交易。当然，这总比"对人不好"要好，可那还是有条件的爱。

你要觉知自己是出于什么而付出，慢慢的，你的心里就会充满爱且爱会满溢出来，你发出光来，就会让人感觉到那个爱。你不自觉地在发光，就是你的爱已经散出来了，这个爱是自发的、无条件的。这个爱被扩大之后，意识得以提升，体验到合一、四海一家、宗教的美，所以宗教的最终教导就是信望爱。能够实践信望爱、实践真善美，每个人对自己负责，自发追求，没有人规定你或对你提出要求，是自己要求自己，而对他人而言，你只是观察者。

赛斯讲了一段非常有意思的话：其实，每一个人都很希望自己能为别人服务，充满大爱。可是，如果每一个人都对自己负责，这个世界就没问题。你自己做什么都快乐，也不去责备、抱怨、怪罪别人，只是对自己的生活负责。这样的话，你就可以得到整体意识大跃进，跳到另外一个空间里去。

真善的东西是美的，
用美学来陶冶人的性情、宗教情操，
这是一个可以取代宗教的东西。

第六堂 扬升于爱：挥别悲情

跟所爱的人分享美感经验，连心心相印也是心灵上的绝美；"美"是最大的疗愈，可以疗愈你心里面的伤痕。要扬升于爱，藉爱而提升，让心灵在天上飞，你就会很自由、很快乐、很喜悦、很轻松。

今天，我要讲一讲我的爱情故事——扬升于爱。平常大家是讲坠入爱河，好像"掉入"爱河里了，是一种情不自禁的感觉。而我自己的切身经验的确是坠落，这种"坠落"好像是不可自拔的，虽然坠落以后没有被淹死，可我还是会载浮载沉，事实上我是得到了很多痛苦的经验。

去合一以前，我已心如止水，心不会浮动，很平静。可是到那边有那个体验以后，我忽然觉得自己心里充满了爱，这个爱是来自我的神，他一直在眷顾我。以前我一直以为我是孤孤单单的，心里空空的，有一种空洞感。可是，当时我忽然有个感觉：心被填满了！那个喜悦是毫无理由地一直涌上来，好像那个洞不见了，变成一个自流井，于是心里就有很多爱与喜悦自动涌出来。

到2010年，在我根本没有任何期待的时候，任何忽然碰到了他，我很喜欢这个人，觉得彼此间有一种无条件的爱。我也很意外还有这种事情，因为除了食欲，那时我根本没有任何欲望。"七十而从心所欲不逾矩"，的确，我很轻松自在，一点都不会刻意地去想要怎么样。我告诉自己一定要记取教训，不要再坠入爱河，而是要扬升于爱，因为我无所求。然后，他对我无条件，我对他也无条件，藉爱而提升，让我的心灵在天上飞，很自由、很快乐、很喜悦、很轻松。

其实，飞的时候我也会"晃"一下，像遇到一点乱流，并不是一直飞得那么开心。心里面有悬念，反而会比较累，因为你会记挂着有这么个人，想知道他怎么样了？有得有失，变得不再无忧无虑，也没有那么轻松。可我还是勉励自己不要再重蹈覆辙，时时记住这点：要扬升于爱。

美是最大的疗愈

因为要准备跟大家分享我这一生的故事，这几年来我也一直在反省（到这把年纪也应该反省了）。我常常一边反省、一边很感动或感慨，我一辈子都在追求真善美，而且是以信望爱去追求。《圣经》讲信望爱这三点都很重要，可是其中"爱"又比什么都重要。

真善美是我人生的价值，活着不是追求真善美，就一点意义都没有。在真善美里面，我觉得美最大，因为真就是美的，善也是美的，外加美的东西也是美的。最近我看了一本名为《灵魂的礼物》的书，刚好也呼应了这个感觉。那本书说的是一位意大利的心理学大师一生对美的推崇。他年纪蛮大了，也觉得美是在人世间最重要的一个感觉，因为处处都可以看到美。"美"是最大的疗愈，假如你心里面有伤痕，在"美"里面就可以疗愈你。我是一个非常耽美的人，沉溺在美里面就不太愿意出来。从自然到人文，天地间一切的美，我都非常喜欢，这些也是我人生的一个特质。

因为2012年，一些悟道的人出来讲他多少年来的修持与开悟经验，我觉得，真正的开悟是处处都能看到美。我之前讲过学佛学禅的人的那种悟，是物我合一，没有你我的分别。在那种合一中，有最大的幸福感。在那里，你会认为一切都是美满的。我从小就很孤单疏离，觉得自己是外星人，不太了解人间的情感到底是怎么一回事。我在猜，这样反而让我的个性里有一部分，非常想借着感性的追求，去了解人为什么会心动、会感动，而不只是理智。我的头脑是很清楚很理性的，真理对我来讲是一种很透明的感觉，是这么清澈、有道理，一看就知道，那个理是不会被糊里糊涂污染的，是很清晰的。可是碰到感情，就没有那么容易厘清思路了，所以有时候人家看你好像很糊涂的样子。我在掉入其中时，虽然觉得自己很痴，但是不迷，我坚持自己的感觉。这种痴好像迷迷糊糊，虽然是在感情中沉浮，但还是会有一个"我"在观，这是很奇怪的感觉。越到后来，观自己时越容易产生一种距离。

小时候，因为家庭关系，母亲在我还没满月时，就曾离开我一两个礼拜，当然那时候我还很小且不懂事，但是那种恐惧跟创伤一直在心里。然后到我十岁时，我母亲真的离家了，不知去向，不知道她怎么样了，我也不知道自己还能不能再看到她，所以只要一想起这件事，我就莫名的忧郁，会产生一种所谓的分离焦虑症。

还记得我们家的母猫生了一窝小猫，小猫太多要分送出去，我在巷口看着小猫被抱走，眼巴巴地目送它们，总觉得一分别就不知能否再见。这一直是我心里的一个阴影，所以在这个人间，我总觉得很陌生、失落、恐慌，因为死了以后，我们就跟这个人世、你所爱的人、你喜欢的人永别了！我以前怕死，就跟这个有关。

爱的无条件与无怨无悔

我常常想到杜甫的《梦李白》："死别已吞声，生别常恻恻。"在我幼年的时候，就一直有这种感觉，怎么甩也甩不掉。当然，我现在只是回溯过去，而且已经没问题了。孤单恐惧造成悲凉悲伤的那种空虚感，就好像在我心中的一个大洞。那时，我也不懂向内求，于是一味向外求，反正就是有所憧憬、有所追求，至少在爱上某人时，心中会觉得比较踏实，心里那个空洞感得到了填补，至少不会想死啊、活啊那些可怕的事情。现在看来，好像只有爱才能填补那个空洞。

我一直觉得，爱的感觉是如此的美，所以像我这么爱美的人，就一直以爱来填补我的空虚。可是有一次，有个人讲了一句蛮伤我心的话。他说：你说爱我，可是你把整个心都送出去了。他说他没有办法去爱一个没有心的人……这是不是很恐怖的一句话？我承认我一直是属于外貌协会的，而且从小就那么爱美，但又知道自己并不是个美人胚子，而且从来也没有人说我很美。对美很敏感的我，遇到美的，我就会发现，于是就很羡慕、很喜欢、很欣赏。除了外貌以外，还有温柔、体贴、照顾的感情，这些爱的表现，都让我觉得非常美。还有，跟所爱的人分享美感经验，更会倍增美丽，连心心相印也是一种心灵上的绝美。当然，还有浪漫情怀也很美，而我一直非常浪漫

（这些真是害死我了）。

小时候，我就很爱看书，看了很多西方的文学名著、神话，东方的则看的比较少，可是中国古典文学中的诗词歌赋仍是非常能引起我的共鸣和感触的，于是我整天都沉溺其中。在我的脑海里，好像爱与死是分不开的，就像川端康成讲的"美丽与哀愁"，美丽跟哀愁是分不开的，所以我就很忧郁、多愁善感。我还看过一本书——《忧愁夫人》，这种古典的西方文学，内容真是悲惨极了。

我还喜欢音乐，歌剧里有很多绝望的爱情，越绝望越美。还有现代的音乐剧，像《歌剧魅影》，爱情那么凄美，音乐那么好听，听来荡气回肠，听了简直心都会绞在一起。我以前年轻时比较会哭，后来到了四十几岁以后，碰到这些情感上的打击，虽然心里很痛，却哭不出来，就会去找歌剧来看，像《茶花女》，一边看一边用痛哭发泄一下。我很努力地疏导自己内心多愁善感的情绪。

爱与死好像是分不开的，像法国著名作家雷马克，他写了《凯旋门》等许多名著。《地平线上的车站》讲一个年轻英俊的赛车手跟一个女人的恋爱。女的患肺病，这在当时是绝症，一定会死，所以一个天天在生死边缘和病魔搏命，一个日日在惊险的鬼门关前徘徊，两个人爱得轰轰烈烈。这个故事跟我想象的完美恋爱是很贴近的，也就是说，人活在死亡边缘，一切随时都会烟消云散，而这点使得恋爱更凄美、更有张力。也许两个人今天还爱得缠绵悱恻，明天就拜拜了，生死两茫茫了……其实我们每天都活在死亡边缘，只是我们不觉知。

还有，越凄惨越凄厉的故事我越喜欢，现在大家都不看这些书，真的很遗憾。不过这样也好，这样就不会像我那么惨，掉到别人的痛苦里，痛不欲生。像《冰岛渔夫》，作者是法国的海军军官毕尔·罗逊，整本书一直在描写海、海浪、雾那种感觉。我自己非常喜欢海，他把海的千变万化写得出神入化，把海描写成具有简直不可想象的美，像人的感情一样，那是很难写的。

书中的一段感情并没有第三者，只因为某种矜持、误会，就再三错过表白的机会，到真的表白时，已经不知经过了多少年的折磨。最终能表白不是很好吗？可是他们在一起六天后，男主角又出海了，再也没有回来。好不容易终于聚首，好不容易两个人终于相认、相爱了，却是最后一次。所以我常常觉得，有爱就要赶快表白，不要等到人家走了，或是你自己走了，再没有机会表达你的欣赏之情。要把握时机去感激对方对你的付出，让人家感受到你对他的爱有多深，很真诚地去珍惜这份感情吧。

爱的定义，以前对我来说，不只需要无条件，还要无怨无悔地牺牲，我这个观念也是看小说得来的。在我心里面，爱的典范就是狄更斯的《双城记》，是以法国大革命为背景所写成的小说，一段描述为爱牺牲的感人故事，描述的地点时而是巴黎，时而是伦敦，有时又是双城交错。女主角美得不得了，又十分贤惠，男主角爱上女主角，可是女主角却嫁人了，嫁的先生长得和这个男主角很像，简直像双生子似的，男主角只能在心里爱，没有办法表白，他也不想去破坏人家。后来女主角的先生因为革命关系入了冤狱,被关入巴士底监狱,男主角因为长相神似她先生,就冒充他入狱,代替他死。啊!这才是惊天动地的真爱!为了爱可以牺牲一切,甚至性命,我的爱情迷梦就是这样的。

还有一个典型是安徒生的童话《人鱼公主》,以前我觉得人鱼公主太伟大了,要像她那样爱才行!我是直到研究新时代之后才改变了这种想法。

人鱼原本是在海里无忧无虑地游来游去的,有一天她看到船上有个俊美的王子,不禁爱上了王子。后来这艘船遭遇海难,她救了王子,可是她没有人类的双脚,无法上岸生活,于是求助女巫帮她把尾巴换成双脚。女巫要求以她的声音交换,因为人鱼公主很会唱歌,声音美妙动人。于是她答应了女巫。

有了双腿后,虽然可以走路跳舞,但是每跳一步,她的脚底都痛如针扎,虽然跳得那么美,外人却不知其痛,她为了博得王子的欢心,就忍痛曼舞。

她把王子救上岸,王子眼睛睁开时,看到的欲是另外一位公主,于是以为那位公主便是救他的人。人鱼公主失去声音,不能唱歌,也无法表达,只好任王子误会下去。她见到王子,王子也觉得她很可爱,还很会跳舞,只可惜她不会唱歌。王子不知道她是他的救命恩人,误以为另一位公主才是救命恩人,所以打算跟那一位公主结婚。人鱼公主很伤心,又不能言语,一旦王子爱上别人,和别人结婚,人鱼公主就将变成泡沫。一旦变成泡沫,没有身体也没有灵魂,就只是泡沫,太悲惨了!女巫又说:如果要避免变成泡沫的命运,你就要拿一把刀去杀了王子，为了救自己的灵魂、救自己的命，她必须去杀死自己所爱的人。

假如因为嫉妒，人鱼公主很可能就会这么做，这样她就得不到所爱，别人也不知道她爱王子了。但是，人鱼公主是这么的纯真、纯洁，所以她根本不会这么做。最痛苦的是在王子结婚那天，人们开开心心地唱歌跳舞，王子和新人甜甜蜜蜜，人鱼公主落寞地离开，跃入海里，变成了泡沫。

这就是我心目中所谓的"完美的爱"。我一直到研究新时代之后，才改变了这种想法。我觉得这个故事根本不应该算童话，它只会让小孩子"中毒"！像我这种笨蛋，一读之下竟会惊叹：这么美！羡慕得不得了，其实这根本不是小孩子能懂的境界，而是成人的童话。

幸亏我怕死，才没有去自杀。后来经过很多事情，虽然很痛苦，但还好我都没事，都活下来了。

那一年，我们恋爱的感觉

小学时，我曾对一个小学同学动心，这大概是我记得的比较认真的一次。后来也没了下文，因为才小学生嘛！

到我高一的时候，这个男生忽然出现，他居然来我们家巷口站岗！我们家是一条死巷，他跨着一部脚踏车站在巷口，我走出来看到他，就被吓了一跳。他交给我一封信向我表白，说他喜欢我，希望可以做我朋友。可是那个时候我已经在一女中了，是很用功的学生，一直心无旁骛的。他长得很俊俏，可是有点拽拽的太保样,如果那时我们是从小彼此喜欢,大概后来就很难分开,但我已经过了当初那种喜欢的阶段。我就写封信回他说,现在没办法交往,劝他好好念书。他也很乖,就跑回去念书,起码没有做太保。

大学时,他又跟我联络上了,因为他考上空军军官学校变成了飞行员,当飞行员时他也跑来看我,那时候我已经对他没有了那种感情,可我们还是好朋友,因为感觉他很友善,我就带他在校园里参观了一下。

在高二的时候,我大哥的一位同班同学到我家来,这个人长得真是帅,就像《那一年,我们一起追的女孩》里的男主角那样,甚至比他还要帅,一米八几的个子,瘦瘦高高、白皙清秀、玉树临风、允文允武。他很会打篮球,台大土木系毕业,写得一手好字,钢笔、毛笔都好,而且文采出众,我们现在还是朋友。

当时我17岁,他已经毕业了,要去美国,后来我们还一直保持通信。到我去念成大的时候,他写信来表白,说他本来就喜欢我,可是因为那时候我还小,所以他不愿意干扰我。我们通信往来非常融洽,我常常一句话就能说到他心里。可是后来发现,说他的缺点是太多情且常常犹豫不决,他喜欢的不只我一个,而且能很坦白地告诉我,还有一个女生一直追他追到美国去,就住在他旁边,他说他两个都喜欢。这人的不确定性太多,我就不是非他不可了,还好我们也没有真的谈过刻骨铭心的恋爱。

到大学时,我又认识了一个同学。我年轻的时候喜欢的人都有天使一样的气质,高高白白很纯真的感觉。碰到这个同学,他高大但是不瘦,气宇轩昂,像神话里的天神一样。他会拉小提琴,还会别的乐器,也是乐队指挥,非常有派头的样子,而且人非常好,是个虔诚的基督徒,我觉得这个人实在是太完美了。

我们建筑系的学生在学校常常熬夜赶图,有一次我吹口哨,吹贝多芬的F调罗曼史,吹着吹着停住了,他就跟着吹,默默呼应。我们两个很有默契,可是他从来不主动,我也没办法。

在他前面还有一个,我到成大念书后,忽然在一个场合碰到一个人,我们聊起来后发现,原来两百年前我们是同宗的。我父亲是湖北人,两百年前他们同宗的一脉迁到四川去,所以现在见到这个人是四川的,是同宗、同一个辈分,年龄还差不多。这个人很有趣,他的眼睛像小鹿一样非常柔美,迷迷蒙蒙的很会放电,我就被他电到了。

他对我也非常的好,很体贴、温柔。可是后来又发生了一件很小的事情:我发现他占一点小便宜就很高兴、开心,我当下就觉得很不高兴,我不喜欢这样的人。我不在乎人家穷,可是人穷不能志短,要很正派,不要太目光短浅,也不要急功近利。可以说,他是触犯了我的洁癖,心灵的洁癖,结果我就放弃他了。而刚刚提到像天神的那个又没了动静,也就没有下文了。

后来,我的前夫就开始追我了,他高我两届,常常来帮忙。在赶图时,我们的前辈都会来指导,我就被他追上了。当时我已经把他当做是未来的对象，我那时候对他也蛮专情的。

除了喜欢恋爱的感觉，我也喜欢做一个贤妻良母，我觉得他的确是一个美满的伴侣。我那时念甲组工学院，父母从没有帮我介绍什么人，都是我自己去交朋友。我觉得他很有才气，对人也很好、很正直，家里也很穷，这样很好。我不喜欢很有钱的人，怕有公子哥儿的习气。我们的交往就固定下来，当时我就预备好以后要嫁给他。我们前后恋爱了七年，他先毕业，但是考不过台湾这边出国的留学考（不是托福）。除了留学考，做两年助教也可以有出国留学的资格，他为了要取得留学资格，就去当助教。他当助教一年后我也毕业了，可是，我还是又等了他一年，两人计划同一年出去。

留学波折，走入婚姻

看起来好像一切都顺利，我们两个也都申请到了国外的学校，连机票都订好要同一天走。这中间我也帮了他一个忙，他得到了普林斯顿大学的入学许可，可是学校来信说，他各方面都很好，只有英文不太行，学校要拒绝他。于是，我就替他写一封信说：我在设计的各方面都非常好，数学也没有问题，别的科目都好，只有英文差一点才达到要求，去了以后，我可以再加强提升，并不是没有进步的机会，并不是没有才气或根本不行。学校居然就接受了，一切好像都很顺，而且他还得了奖学金。

我本来都通过了，去美国使馆见副领事，还有口试，要被问几个问题。当时，那些问题我都可以回答。副领事也说，你英文没有问题。但去办签证的时候我却没有过，这真是晴天霹雳！因为，他们估算我学成了应该不会回来，会直接留在美国。因为我一个哥哥、一个姐姐都在美国那边，我在台湾这边没有牵绊，假如我一去的话，等于我们全家都会移民。

我很生气，辩称他们也是去念书，假如念完没有回来，那是他们个人的事情，他们个人要负责，你们怎么能为他们的事把我压下来呢？他们不管，虽然我讲得很有道理，但他们不听。而且，当时美签的规定很严格，不能结了婚再出去，因为假如两个人都出去，他们更觉得你不会回来了。而且还要有财产证明，像我的案子，连有财产都没有用。一旦没过，留下一个案底，再去想办法疏通、给任何证明，都没有用，他们就是不让我去。我已经申请到学校，也有奖学金，却不能去，只能在机场送走我前夫。

当时，我哭得死去活来，非常生气，只好一个人回家……哼！你不让我去，我就一定要去，等着瞧！那时是八月，但我没有力气再争取。好几个月以后，到年底，我从头开始申请加拿大签证。所以我后来会去加拿大留学，就是这个缘故。

申请加拿大时很顺利，可是在加拿大却没有什么发展机会，如果想去美国，有案底又很难过去。我问前夫说：你可不可以过来？他也不愿意，因为他当时觉得美国比加拿大要好太多了。建筑师是很特殊的行业，不是你在家里闭门造车就可以谋生或有什么成品出来的，没有人请你做，你根本就没有作品。外加人生地不熟，也没有社会背景、地位，英文也不够强，如果个性也不是社交型的话，个人很难有任何的机会。

成大建筑系当年只有四年大学部，到加拿大英属哥伦比亚大学建筑系，从大学部到硕士班有七年，他们没有单念建筑的硕士。学校说，我算是在建筑系，可是我得去都市计划系补都市计划的课。都市计划系又要修别的学分，比如社会学，可我根本没有学过社会学，我学的是工程跟语文，还有中国历史。学校认为做都市计划的，需要对社会的结构和社会学有了解，才能做适合人们居住的都市计划，所以念都市计划要修社会学。

有一次，都市计划班的人都要去美国西雅图的华盛顿大学开研讨会，那里离我们学校有三小时的巴士路程。因为只有我需要签证，同学都不用签，我就请系主任帮我写一封信，说我们去那边是要开研讨会。美国领事问我，以前申请过美国的入境没有？我说有，只是被打回来了，因为美国怕我去了就不回台湾了。还好因为系主任愿意给我一封证明，我就签了一个多次签证，可以往返美加好几次。

我在加拿大的时候，觉得很孤单恐惧，无法应付课程，因为实在是太难了。我去图书馆借书，花了一上午，还没借到要用的书。社会学或是都市计划那些书，我都不会找，在台湾也没学过怎么找书。上社会学的课时，因为有很多专有名词，我听不太懂，还要买录音机去录音。录音机是那种很大、两个转盘的，这样我才勉强听懂一些。花很多力气做这些事情，真是痛苦极了，那时我的心情也坏得不得了。

上完一个学期，到圣诞节、新年假期的时候，我就决定到美国去，因为如果我一年后毕业，就没有理由到美国，而且我的签证有时间限制。我前夫也说，你赶快过来……于是我就坐飞机飞到美国去了。当然，那时我得先跟系主任讲，他很讶异，我再过几个月就毕业了，为什么非走不可？我执意要走的理由就是：我可能念完就去不了美国了，我先生也不会过来。

后来，我偷溜到美国，那时我前夫很高兴，看我到美国，就准备着结婚。我那时候没有身份，不能工作，也不能再上学，不是学生，什么都不是……因为本来就已经订婚了，好吧，那我们就结婚吧。

婚后仍追寻"爱"的感觉

那时候，我在美国结婚，婚后就变成了学生的眷属，不能工作了。既然如此，因为我很喜欢小孩，我就说我们赶快生小孩好了，早点把小孩养大，我还可以回去念书或工作。有了一个小孩以后，没想到第二个也跟着来，只差一年，那么快就再怀孕，造成我这一生非常大的转折。

我们结婚时是没有任何"资产"只有"负债"的。前夫念常春藤大学，费用惊人，虽有奖学金，但实际上还是不够用。他在一年半的时间里都没去端过盘子，所以我先跟二哥借贷了三千美金，婚后每个月拿到少得可怜的薪水，我都得先扣除还二哥的五十元，才能谨慎运用剩下的。

我们从来没有度过蜜月，连蜜周也没有，前夫每天加班，赚点加班费。在我的记忆里，加班似乎是"不可避免之恶"，多年来被视为理所当然。大儿子小时候就看在眼里，曾说不要学建筑，因为建筑师没法陪妻子儿女，可是他还是走向同样的路！因为要申请绿卡，得进行健康检查，一检查却发现我肺部有什么阴影。回家有婴儿，怕会传染，先得住院隔离。三个月后确定是"非开放性"肺病，不会传染，全家才放下心来。

后来，我们两个开始出现问题。一开始是我不对，但是他的反应造成我心理上的折磨。感情一旦有了疙瘩以后，就没有办法很圆满地收场。后来越来越觉得，没有办法像以前一样很深情地去爱他。

他还是很爱我，可是我们常会造成彼此心理上的折磨。一直到1971年在台湾，回来三年了，我看到前面提到的那个同志（同性恋），对他一见钟情。我这个人很认真，假如没有动心，我不会纠缠不清，可是一动心的话就完了，我没有办法否定我的感情，但那时候也没发生什么事。后来我们又回美国去，1975年，他到前夫工作的事务所去工作，后来就发展出来一段一年的情感。

他就是那种到现在还很帅的人，他真的很帅，有着像小王子那样高贵的风采。他又很淘气爱玩，这两种特质在一起就很迷人。他什么都不在乎，广结善缘，处处逢缘，男女老少都喜欢他。那时候我才三十几岁，可是却自觉我老了，心情比现在还要老，也因为他比我年轻，又那么潇洒、自在、漂亮，还很有才气。如果没有才气我大概也不会喜欢他，除了美还要有才。

他对色彩、设计的表现是比较偏向室内装饰，细部很细腻，颜色、比例的配置都做得非常好，我每次看到他的作品都觉得棒极了，那种爱慕就会涌出来。这让我想起一部电影《苦雨恋春风》，顾名思义，一个年纪比较大的女人，爱上一个年纪轻得像春风一样的男人！

每次约会完，我都会写小诗或短句给他，讲我的感觉、感触。《源氏物语》就讲一个日本贵族公子哥儿源氏，他到处约会、处处留情，文中极尽能事的细腻铺陈衣饰之华丽。他老少通吃，不分年纪大小，不管已婚未婚，他常会写小笺差佣人送去给他喜欢的女人，用文字诗词来表达内心的感动跟感触。我写小笺给我的情人，他看了说我怎么那么古典，他看不懂，因为他是侨生，他的英文跟中文都不是很好。

其实，我最爱的是那个"爱"的感觉，恋爱的那个情调、感觉、浪漫、美，我刚好渴望，刚好这个对象跑进来，"碰"对焦了，正好符合这个画面，一旦一见钟情，就让我无法自拔了。

在这段际遇里，我改变了很多。以前的拘谨和压抑被放下了不少。无论在饮食、衣着、思想上的种种"限制"都被渐渐打开，这让我更加轻松自在了。

现在要再说一说我大学时遇见的那个像天神一样的男孩子。1972年，我前夫到日本参加设计界的大阪博览会，我带小孩子住在离我娘家不太远的地方。有一次，在路上碰到这个老朋友，我们都好高兴，因为已经许多年没见过面。大学后期才知道他身体有状况，他得了脑血管畸形，也就是脑血管有一个血管瘤。所以我们大学用四年就念完了，他用了五年才念完，因为他的身体那时不能承受每晚开夜车的压力。我们毕业设计还在同一组，本来他可以先进行毕业设计，可是因为他有些学科还没有修完，不得不延误了。那时，他有时候会忽然间呆掉，那个时候我就知道他有问题了，但他那时还不至于马上就倒下去，只是瞬间完全没有意识了一两秒，直到那时候他才说，他身体不是很好。

久别重逢，他很高兴，就到我家小坐。因为我们两个从来没有讲开过这些事，只是你知我知心知肚明而已。他暗示了一下，他说他那时候知道自己有病，是不可能跟人家结婚的，他不可能有家庭、婚姻生活，所以，他没有交任何的朋友，辜负了女孩子的感情。我本来也知道他有问题，可是听完他的解释还是蛮伤感的，本来他真的是一个很正派的好男孩。

受到前一段恋爱的打击以后，我开始灵性的追求。因为那时候太痛苦，假如没有找到一点寄托，我真的活不下去，于是开始到图书馆去看书，先把自己逼入死路，然后再重生。当时，我看了许多书，玄学、灵魂学、超心理学、赛斯，看到赛斯以后，我发现我所有的境遇都不能怪别人，而我所有的痛苦也都是自作自受。从今以后我不会去怪罪别人，也不再认为自己是受害者，除了受自己之害以外，我没有受过别人的害。

塔里的女人

我们1978年就回台湾来定居，因为我前夫要回台湾做事，他比较喜欢台湾。我就在家中的小储物间里弄了个工作室，漆成全黑，在里面读书、译书，这是没办法的办法，我逃到洞里，一面译书一面养伤。1970年左右，我们第一次回台湾，我开始帮《妇女杂志》写专栏，回美国以后也继续写。写专栏时，我曾以"塔里的女人"为笔名，因为我觉得我把自己囚禁在了塔里，隐居起来躲在里面，根本就不肯出来，所以叫做塔里的女人，跟真的《塔里的女人》（无名氏著的畅销小说）没有关系。还有，有时候写比较励志型的文章，我就叫击磬，跟我的季庆谐音。击磬是来自孔子讲的"有心乎击磬哉"，表示这个人很有心想做些什么鼓励人心的事。

第二次返台定居后，我也不想出去社交，就翻译赛斯，可是有一个朋友办《仕女杂志》，因为他知道我会写专栏，就请我写专栏。写《仕女杂志》的专栏时，我就用平常心，写起来就不那么哀怨了。

自从进入新时代以后，我就好一点了，可是这并没有断掉我喜欢坠入爱河的毛病。我觉得此生应该是我最后一世，这一次回台湾以后，假如有人对我示爱，可能是我前生欠过他的情，就好像林黛玉。林黛玉前生是绛珠仙草，欠了贾宝玉前世神瑛侍者的浇灌之恩，倾一生之泪来回报，这好像有情债的感觉。可是我不要再欠人家的情，以免以后还得回来还。至于别人欠我的（因为我爱起来比人家认真，所以别人可能会欠我的），因为我不想因为这个事情再来，所以我免了他的债，不再追讨，从此一笔勾销。

以前，我的条件很多，属爱美的外貌协会。慢慢的，我越来越观照自己心情的起伏变化，会刻意把这些条件改掉，渐渐放弃我那些对外貌的要求，不管是国籍、省籍、外表、高矮胖瘦，我越来越不执着于外在条件。

我本来对人际关系，不管是友情还是爱情，从来不以权与利为基础,不会因为这个人家里有钱就想攀附。不管我的爱情生活是不是有点乱,起码我的感情是很真诚的,真诚的爱,只希望对方对我好而已,并不是要换得任何的利益、权利,对社会地位、家庭背景,也没有偏见。

疗愈自己

我特别喜欢白手起家、态度诚恳,而且从来不会伤害别的女人的人。我对这些男人当然没有伤害,因为都是他们来找我。我也不会去玩弄人家的感情。我把爱情看得很神圣,虽然不在婚姻的框架内,可是我不玩弄别人也不玩弄自己,只诚恳地尊重我自己的感觉,也尊重别人的感觉。我从来不做第三者,因为我觉得第三者是你侵犯了另外那个女人。我对女人的同情、理解比对男人还要多,我不会伤害别的女人,去跟人家抢男人,所以我不做小三。

套用我们新时代的讲法,有一句话蛮好的,那就是:没有罪,只有业。宗教都是讲罪,不是婚姻的情爱就是罪;业则是由你前生的一个包袱或是债务而设定的,它不是罪。赛斯说,"业"代表发展的机会,他使个人得以由经验而扩大了解,补足无知的空隙,做应该做的事。因此,自由意志总是包含在内的。"你爱别人"是你想做的,你自己设定的,你想经历的事情,但这不一定是合乎道德的事情,也不一定是罪。

还有一句是:没有罪疚,只有幻梦。因为这个世界本来就是一场梦、一场戏剧。后来我也有一些这样的偶遇,可那些还是符合我的原则，没有让自己做人家的第三者，也没有破坏人家的婚姻，而且，我是诚心诚意进入关系当中的。

我最近还看了一些书，可能是2012年快到了，大家讲的东西都很相似，比如说要觉醒、开悟，要大清理。看过后，很多地方都让我觉得心有戚戚，很有共鸣，因为我真的亲身经验过。例如有一本书《破碎重生》，还有一本《遇见百分之百的爱》，那是一位超个人心理学大师约翰·威尔伍德写的。超个人心理学也是贴近新时代的心理学，比以前的心理学都要进步。他任教于加州整合研究学院，他这本书说，你可以借着你情感上的创伤经验去治愈自己，脱离那种悲情，治愈任何破洞、受伤的感觉。

前不久，当我们看到《灵性觉醒》这本书，其中有接到乔舒亚（耶稣之犹太名）及玛丽亚的讯息。玛丽亚说：你要坦白地接受自己的身跟心。当你和灵魂连接时，就会将你带进内我，邀请你将内心深处的自己展现给世界，这个过程会把自己一层一层地剥开，看看自己到底在搞什么，很诚实地将自己表露出来。聆听灵魂的声音意味着认真对待你的感受，不再恐惧拒绝、孤独，不再恐惧不被你爱或尊敬的人接受。其实，像我这种告解与表白，也冒着很大的风险。一来，我比较相信大家有那个包容度；二来，我还是很担心自己会伤害到我前夫。别的人我都没有欠，只欠我的前夫，我很怕伤害到他，其实我前夫对我非常了解，也非常宽容。我自己是不太在乎面子，可是男人们在社会上，面子好像比什么都重要。

学习做自己灵性上的母亲

还有《灵性觉醒》中说:"走向内在,放下你外在所有的权威,完全依赖内在的声音。"玛丽亚特别鼓励女性:"不要受制于各种外在的期望,为自己而活,我们完全可以根据自己内心深处的愿望做选择。当你进入充满灵性的人生时,你会渴望与心灵伴侣交流与合作。"

其实,我一直渴望与伴侣进入灵性生活。老实说,这一直是我潜在的渴望,正因如此,我才会一再坠入爱情中,以为碰到了可以心心相印的人,以为彼此真的了解而能进行灵魂的交流,这是最美的事情。每个女人起码都会有这样的渴望与向往,男人是否也这样,我就不知道了。可是我真的没想到后来自己真的能遇上。

书上还说,要做自己灵性意义上的母亲。我发现很多人都跟我一样,没有得到让自己非常安心、温暖的母爱,童年若缺乏这份母爱,就再没有办法追回来。所以,我以前就有这种醒悟,常常跟人家讲,你只好做你自己的母亲,用那种温柔的爱,把自己的心扶持起来,把你内在的小孩慢慢带大,支持他,让他有信心,让他觉得没有孤单白活一辈子。

玛丽亚说:"做自己灵性上的母亲,不是解决所有问题的母亲,而是一个能看见你、认出你的独特能量,一个不想改变你并能够尊重真正的你的母亲。从稍远的距离观看自己,了解到你一生都在走自己的路,一直都试着为自己建立一个满意的实相,甚至在你犯下错误时,都在尽最大的努力创造快乐,或是寻找走出痛苦和绝望的方法！"

受了这么多苦，经过这么多绝望的事情，所以我会对那书中讲的话感同身受。这些话真是温柔的抚慰，抚慰我们这种像小朋友一样的心灵。书中说，我们到这儿来，不是为了变得完美，而是为了生活、体验，为了怀着惊奇的感觉经历一切，即使是负面事物。这种无条件的母爱，也是每个疗愈者必备的温暖接纳。生活的艺术是：在每一件发生在你身上的事情中，找到选择的空间。

我在修改《喜悦之道》25周年增订版的时候就发现，以前我第一次看的时候很感动，心里涌起一股热流，会不断欢喜赞叹着说：怎么有这么好的书！这一次看，我没有受到那么大的震撼。却发现，每一点我都做到了。虽然我没有每天特别地去练习，但是书中讲的每一点都是在强调：要自爱、要自重，我发现我无意中都做到了。我不在乎别人对我的评价，而是让我对自己负责，看见、接纳、肯定我自己。所以我因为这点还蛮开心的。

赛斯也讲到"快乐原理"，我想看过赛斯的人都会有印象。他强调说，快乐原理最像是对美的欣赏。你是生命意义及目的的一部分，但是那些目的来自于你存在的源头，它们太伟大，因而无法在你个人性的结构内被表达或描写。

不知道大家会不会有那种感觉：真善美的感觉会把你整个人都融化、淹没，让你臣服于真善美之下，把你一扫而过地淹没（overwhelm，这个字我觉得好难翻译），你毫无招架之力。因为那太伟大、太美、太神圣，你就融化在里面，可是你无法将这种感觉具体形容出来。有时，当你在聆听音乐，或是被情感深深扰动，当你不在他与你之间保持一个很大的距离时，常常会体验这种了解。

美给人生带来了很大的快乐，让你很振奋，让你觉得活着还有意思。你在情感、美感的满足上，在快乐、感性的追求上，跟你在务实理性地处理事情中间有一个平衡。不要完全这样或是完全那样，走极端不好。

赛斯说：从你"所在之处"开始（照顾当下），以爱照顾你拥有的生活，将最能让你领会到对"你自己的意义"的那种感受。照顾你所"是的"这种人，并照顾"你自己的独特性"，对之怀着爱心并始终珍惜。

不要对自己太苛刻，人生已经有了很多苦；不要怕人家来攻击你，人家对你的评断都不重要。当你一个人面对你自己的灵魂时，你有没有尽量去做一个喜欢自己的人？你要喜欢你自己，才会真的活得快乐，外面的东西都是虚的；如果你不喜欢自己，即便人家喜欢你，你也会觉得不值得、不配。对自己的信任跟爱才是你最大的保障、重心，那样你才能活得像个人。不用畏畏缩缩、遮遮掩掩，你是坦坦荡荡的，你喜欢自己，因为你没有伤害别人。

体会扬升之爱

跟大家讲一点点有关我那个灵魂伴侣的事。碰到他，是我完全没想到的事，虽然之前就有预言，但我以前一概否认，心如止水，过了两年我才愿意接受这个可能性。

我心里已经很快乐、满足，已经准备要走了，所以我说"最后八堂课"，就是想要跟大家告别。在我还没走之前，健健康康、安安静静地跟大家分享我的人生历程，分享我的喜怒哀乐、欢笑泪水，走的时候就没有遗憾了。

1976年我跟那个同志情人要分开前，最后一次见面，因为我第一次能跟前夫去欧洲玩35天，我就跟他交代，如果这一次旅行发生任何意外，我没有回来，请你告诉我的儿子，他们的母亲是什么样的人。我儿子那时候还小，我不认为我们的爱情是有罪的，所以让他们知道他们的母亲是有血有泪、很真实的人，而且我不会装模作样当圣女！如实告诉他们我是什么样的人就好。

自从碰到我的双生子以后，我觉得幸福得不得了！合一的喜悦已经给我平安自由的感觉后，又碰到一个我想都没想到的双生子。老实说，以前我真的不太相信双生子这个讲法，我觉得那只是一个被美化的形容词，并不会是真的。不过，亲身经历这无条件的爱，我真是感恩得不得了。当我这么快乐、喜悦的时候，自己仿佛变成透明的，变成一团光，并沉醉在喜悦当中。

这美就美在彼此没有要求，而且他对我的倾心是在我最没有准备、没有打扮，心里也没有预期的时候。那时我是已经快要70岁的人了，准备"弃世"的时候，他居然出现了。最奇怪的是，他也不符合我以前的任何条件，可我就是喜欢他，就是如此的快乐、喜欢，如此坦然地承认，所以我才说扬升于爱。

第六堂　扬升于爱：挥别悲情

不过，我并不是百分之百的快乐，毕竟很多时候我们还处在悬念中。本来可以拍拍屁股走人，跟人家说再见，可是我现在觉得，自己还没有跟他分享很多美的事情，分享的只是一点点。比如说，有时候我们碰巧听到一首音乐（他听过音乐就不会忘记，这点跟我很像），我说："啊！这首……"他就知道。太特别了！非常老的音乐，他也知道，也会哼唱。对于旋律，他跟我一样有很强的记忆力。好开心喔！

现在，很少有人会用纸笔写信，他又不会发电子邮件，所以，我们只是写写简讯而已。简讯又不能写很长，就很像写古文，这恰好可以显示我们对于古典诗词的同好，蛮好的。以前都没有人可以在多方面跟我这么合，比如对于音乐、大自然的喜好与爱。

对于人间，他有比我更强大的爱、服务的热忱与热情。我比较像飘在半空中，喜欢空灵的东西。

本来，我感觉自己是个怪胎，生在这个千禧年的"关键时刻"，受到东方和西方文化里真善美的冲击，常常一个人陷入极深的感动和感触中，却觉得没人可以分享和了解。所以，当我已花了40年的精力去吸收和传递爱与光的新时代讯息后，突然感觉自己的天命已然完成，就想走了。

如今，因为双生子的牵引，或许会令我再多流连于世间一段时间吧！

第七堂 价值完成：热情地活，平安地走

每一个存在、每一个活着的人，都可以完成他自己的价值，不用很伟大，只管在内心发现你所爱，把力气用在你所爱上。跳脱负面的影响真的很重要，除此以外还要找到那些真正能鼓舞我们、让我们非常喜悦的事情。

今天这个题目蛮重要的,虽然"价值完成"好像很艰涩!这到底是什么意思?就是要热情地活,平安地走。其实我一路讲来,重点就是要讲这个:如何热情地活。我们的人生都有各自的目的和价值,所以要等价值完成以后,我们才会觉得自己没有白活,而且可以平安地走。我们怎么活,就怎么走。

你不是来赎罪的

人活在世界上,并不像旧时代的宗教观念或者宗教人士所主张的,你是有罪的,是一个有瑕疵的生物,你在世界上是不断造作新的罪业的。旧时代的想法是:人生来就是罪,你要做的就是赎罪,所以一切的努力、追求、崇拜,都是为了要把你的灵魂从罪恶里赎回来,有些新时代的思想也会强调这个。

我希望大家运用你们的直觉和心去感受,不要因为执着于旧时代的观念而被束缚,要过一个快乐充实的生活。假如你把人生想作只有罪与罚,你就需要依靠外力来救自己,于是你会依附宗教、咨询师、大师以及宗教的体系,来帮自己除罪,这样你就会失去信心。

人生最主要的两种情绪就是爱跟恐惧,当你心中充满恐惧的时候,就没有空间留给爱。急着想办法救自己,却没有时间放松生活。因为你必须要靠外力才能够被解救，这会为你造成很大的无力感，这样就没有办法翻身了。

多少年、多少世代以来，这种不完美且充满罪恶的想法一直渗透到人的内心，其实这也造成宗教性的假谦卑，认为只有人们先承认罪，匍匐于任何的大师、宗教人士、宗教系统面前，才是谦卑。

你要是真的觉悟到了，就会发现：人生本来就这么美丽，相信生命本来就这么光彩，也相信你来到这世上是要给爱和得到爱的。你得到爱的时候，自然会臣服、喜悦；当你真的感恩的时候，你自然会谦卑。然后你会发现，原来你是一直被一个那么大的力量、那么大的爱、那么大的神，拥抱着、安慰着、护持着的。这个时候，你就会臣服在那个无条件的爱底下，而不用装出很圣洁、谦卑的样子，希望你的圣洁和谦卑会让神救你一下，或者是让你得到别人的谅解。新时代的讯息就是用各种方式告诉你，你是被爱的，那是爱与光的讯息，所谓爱与光其实就是神，一切都是在神之内发生的。

你能不能在你的生命中真的觉悟、体会到这份爱？有时候这不是透过一种功课，或通过知性的追求、虔诚的修行才能知道。而且，你太努力、太紧张也不行。即使你完全没有这种渴望，只要保持信心、希望、爱，有一天你的心就会忽然被打开。当你到了那个时候，就可以回想我跟你们说过的，因为我也是过了这么多年，才终于有了一个很美的、可以完全接纳自己的时候。

假如你没有经过那个思考、体会的过程，告诉你"结果就是如此"，你是没有办法直接接受的。这就是真理，你要经过

第七堂 价值完成：热情地活，平安地走

自己的体会,才会把真理融汇到你的细胞里,融汇到你的心里,才会常常感受到"这是真的"。

简单地说,天主教的教义是指:人的存在就是为了赞美上帝。我那时候是十几岁的女孩子,怎么可能接受这个?因为我觉得,创造我们的造物者,他为什么要我们整天活着就是为了赞美他,难道不腻吗?而且他太没有自信了,要我们整天在那里,赞美祈祷,哈利路亚!这太奇怪了,我完全不能理解,怎么会有这样一位神,要我们一天到晚拜他。

可是,当我经历了与神合一以后,发现这不是人家规定的,更不是法律、教义、戒律规定的,这是你得到那个经验以后,由衷地臣服、赞美、感恩,那个时候你就会想到那些赞美诗和颂歌,真的是讲不出来的那种感动。这不是神的要求,而是我们自己体验到的我们内在那个完美——不完美的完美——之后,我们会自然发出的赞叹、喜乐,自然赞美这个力量、这个生命力、这个爱。

很久以前,我初学太极拳,也见到一些人在做"自发功",打"神拳",便心中暗忖:所有这些"功夫",该是某祖师爷修持通了,得到领悟和"礼物"之后才自发表现出来的,后来弟子们再依样画葫芦,以为一板一眼照着比划就能得道吧。

发现自己的禀赋

去年我花了很多时间一直在修改赛斯数据的每一本书,每一本都给我很大的喜悦。以前看的时候,我觉得这是赛斯讲的真理、教导和启发。重编时再重看一遍以后，觉得这么好的书还是要跟大家分享。

例如《梦、进化与价值完成》，这本书很厚，以前我觉得好像没让我有多么感动，可是现在再重新看的时候，我心里会一直说："是的，就是这样！"一边看一边常常感动得快要流泪，是一种很喜悦、很感动的泪，而不是那种失落悲伤、不能接受自己的眼泪。

赛斯对于真理的讲述，虽然不一定空前绝后，可也实在是我读了这么多的书当中，非常精妙、好看的讲述，我重读之后还是觉得这么好。不一定每个人都能接受赛斯，我不强迫大家一定要看，但你们可以为自己看上一看。

赛斯的书可以安抚很多人的焦虑。我们活在这个世界上，常常会觉得有点茫茫然，因为我们看到的都是负面的，经历的都是挫折，我们到底在这边干什么？吃喝等死吗？虽然我们的理想很高，可是我们往往做不到。在这个过程中，我们的自信就没有了，没有自信的时候，你是不可能自爱的，因为你总觉得自己很差。

我要提醒大家一句话：绝对不要跟人家比较。你比人家糟的时候当然会感觉很受挫，你会不断地想：哪一天才能做到像他一样伟大、一样聪明，或开悟、看破？要不然就是跟人家比优越，比我差或者跟我意见不同的，我就会轻视人家，认为他根本不懂！在比较之下就永无宁日，不是你比人家好，就是你比人家差，这不会带给你内心的平安，因为你一直在外面找你的模范，或找比你差的人来强化那个很可怜的自尊心。所以我特别把"价值完成"当做讲题。

赛斯在《梦、进化与价值完成》这本书里讲了很多,最重要的是"价值完成"这件事情。他说,我们每一个人都会完成自己的价值,而且在完成自己价值的同时,我们必将增进全人类的福祉。于是,这既满足了我们的信心,实现了我们的生命意义,又让我们发现我自己的幸福、努力、成就,其实是对所有人类都有帮助,这不是更增加了你的幸福感吗?

一开始我就说,我这个外星人要来拯救地球,我也确实有这是我的天命的感觉。我一直在想,活了这么久,追求了这么久,我到底是在干什么?我觉得我的口才、悟性、努力都不够,如何把我得到的一点东西拿出来跟大家分享?我比较擅长的是写作方面,用语言的话,我就不会表达得那么完整,总是拉拉杂杂的。不过,很多感觉跟知识,不是顺着时间一条一条列下来就可以的。数学方程式、科学证明、法律条文可以按条罗列,可是自己内心的感触是一层环绕一层,很难表达,再加上我本来就不善言辞。我在新时代方面已经努力了很多年,我觉得自己的天命已经完成,希望在跟大家告别时,把我自己能够跟大家分享的,对大家有帮助的东西都讲出来。

所谓的"价值完成"就是:每一个人生下来都有不同的禀赋,这些禀赋之间没有高低,只是看我们要如何发现,以及如何找到自己的禀赋。当然,这主要是顺着你的心和兴趣来发展,看什么东西能让你活起来,让你快乐地说:"哇!这个是我喜欢,我愿意花时间、精力去做的事。"这就是你要做的事。你不一定要做老师、伟大的专业人员,赛斯讲的最美:每一个存在，每一个活着的人都会完成他自己的价值，大家不用焦虑，我们不用很伟大，只管在内心里发现自己所爱，然后把自己的力气用在所爱上就可以了。

30年以前我就觉得，自己一定要把新时代的东西带给大家，因为我在宗教、哲学、心理学上，一直在涉猎、打滚、思考，一直在试图找到到底什么才能有益于人类。我好像有一种直觉，看到新时代的东西，就知道这个是真的！讲得太透彻了，是真理！

最重要的是认识自己

在《梦、进化与价值完成》这本书里，赛斯讲关于宇宙的开始、一切万有、人类出现的过程。"在有宇宙之前，我们将假设一个全能且具有创造性的源头存在，我称这最初的主体性为一切万有。现在要说的一些观念几乎违抗了知性，除非那个知性能彻底为直觉的力量所加强。因此，读此书时，将需要用到你的心智和直觉。"我们的理智跟心都要用到，才能让我们了解赛斯所说的。

赛斯书中的很多地方都会挑战我们的智力、理智、理解力，而且这些书讲得很科学，很有深度，还包含着各种学问，比较理智的人都会非常喜欢赛斯的书，很多男性朋友也很喜欢，因为它们是科学的。不过，假如你只用脑子、心智的话，不太可能完全与赛斯书的整体美相呼应。赛斯的东西也很有诗意，诗意性的美感不是用科学分析能理解的。

好比下面的文辞和意境，难道不是诗吗？

　　一切万有都拥有如此宏伟的创造力，以至于其最微妙的想象、梦、思想、感觉或情绪，也能获得一种实相、生机、强度。

我们人类是他的一部分，他把他自己一部分的能量爆发出来，创造了所有的灵魂，所以我们跟他拥有同一个本质。这就完全超越了宗教所说的，神是永远受到我们人类祈求和崇拜的高超存在，我们永远不可能跟他有任何的连结，只能求他赐给我们一点什么。新时代说，我们是他的一小部分，而且我们也承继了他的创造力、想象力，也许比例上非常小，可本质上是一样的，所以我们不要妄自菲薄。

　　那经验、那主体的宇宙、那一切万有的心，是如此灿烂，也如此分明，以致一切万有几乎都迷失了，神游于这不断衍生、不断成长的内在风景之中。每个心念、感觉、梦想或情绪本身，都盖上了这个无限主体性所具有的不可磨灭的印记，并因其创造力而发光颤抖。在开始之前，有个无始亦无终的内在宇宙存在着。

我觉得，那么伟大、灿烂、无限的东西，你根本无法形容，可是他尽量用这种诗意的言词来表现，这个诗意让我非常感动，我每次都觉得，哇！这么美！这么好！

他说："然而一切万有并没有将他自己与那些世界分开。因为那些世界是从一切万有的心念里创造出来的，每一个皆有神圣的内涵。这个世界本来只有'一切万有'，那是一个无形、无图像、无穷无尽的意识。在一开始，意识单位存在于一个神圣的心理完形内，为超越的本体赋予不可想象的创造力。"意识单位就是物质的建材，在还没有形成任何有形物质之前，他们是最早的存有，这种单位同时以"波"与"粒子"的方式运作。"一部分被他们自己的创造性骚动指挥，一部分被'一切万有'不可满足的创造力所指挥，而开始将时间、空间和整个宇宙带入存在。"然后，这些意识单位，因为相互间的吸力，就越聚越多，直到从无形界冒出来，变成物质性的东西。一开始是电磁单位，然后就是物质的开始。

这些意识单位自己开始创造、探索，并完成那些使他们独具特性的天赋的价值。从一开始，还没有我们人以前，他们就完成了自己的独特性。人是比较晚出现的产品，因此我们有更多独特性需要自己去完成。

其实，尼尔的书也讲到，每一种生命形式，都是神的一个展现。我们也是一种生命形式，从寻求感受到在其生活架构内达成所有能力的完成及绽放，这就是价值完成；而且我们知道：在个别的存在里，生命的其他族类也会因此而受益。这就是我刚才讲的，每一个人不管他的天赋如何，都各自扮演角色，展现出神的小小不可或缺的面向。

"认识自己"很重要，要认识真正的自己，而不是你所扮演的身份。我们每一生都扮演了一些身份，在不同的关系、工作里也有不同的身份，可那是一个狭隘的东西，并不能代表我们本身那个真正的自己。

赛斯讲，不论何时，当人相信"生命是无意义的"，当他感觉"价值完成是不可能的或不存在的"，那么，他就颠覆了自己的基因传承，将自己与生命的意义分开了。赛斯说："任何倡导生命是无意义的哲学，都具有生物上的危险性，并传递了一种直接阻碍基因活动的绝望感。这种哲学对创造而言是极端不利的，因为，他们挫败了创造力本身由其中发展出来的快活心情、精神活力及游戏感。如果生命没有意义，那么所有其他的事都不会造成任何差异了。"

直觉与理智之间的平衡

我觉得我这个人有点倒着活。以前很小的时候，我就把自己压到一个"生命无意义"的状态，所以我才一直挣扎，总是在想自己要怎么样活下去？假如一点快乐、希望都没有，你怎么活？当时我蛮着迷于这种东西的。我在中学的时候很认同虚无主义，觉得一切都很虚无。其实这样也是一种虚荣，因为觉得自己好像很成熟，所以总是一副愤世嫉俗的样子，觉得这个世间算什么，一切都是虚无，人们在那边忙来忙去又怎么样，终究是一场空！这也是一种骄傲自大，不符合任何一种讲法，好像你就高人一等了。

后来，高中时，存在主义很盛行，我随着潮流，也会去看存在主义的书。当你年轻时喜欢一种哲学，常常会影响你一辈子。可有的人就会一直改变，我就这样一直改变着。如果一直不改变（像我有时碰到同年龄或比我小一点的人，在他们最成熟的时候若碰到存在主义，他们现在开口闭口还是存在主义），现在他们就无法从那个影响中跳开。能够跳脱这种负面的影响真的很重要，我们一直要去找，找到真正能鼓舞我们，让我们非常喜悦的事情。

赛斯提到一段跟我们有密切关系的话。他说，有些人活过信仰一种有宗教的人生，他们会全然沉浸在其中之后，像是给自己电击治疗了一下似的，而下一世他们则选择活在不相信任何东西，或至少摆脱任何信仰的人生里。他们只会发现，"什么都不信"是最具局限性的信念。

我们往往也会经过那样的一段日子，幸亏那段日子不长。当然，承受不了心里面的痛苦的时候，你就会去找答案、找出路，所以这也是转念的功能。不要屈服于任何痛苦的打击，不要被打趴下，而是要坐起来擦干眼泪再去找，再去给你自己的人生找更好的出路，所以我们感激一切的挫折，因为没有那些，就没有今天的我们。他说，那个了悟就是当头棒喝。以"认为生命无意义"的方式过活的人，他们在死后会了悟到，存在本身就充满着价值，其实这个价值并不依赖任何宗教体系，它一直在那儿。

没有任何人能包办让你发现真理这件事，你会发现你自己的真理。人需要感受到自己是在进步，而相形之下，科技的进步只代表了一个粗浅的层面，除非科技也可以受到感性成长的支持。在这样的进步之中，我们不但可以感受到与自己的合一，也可以感受到自己与世界的合一。

第七堂　价值完成：热情地活，平安地走

他说，有些人很聪明，像前卫的科学家、哲学家，在理智上极为熟练，推理能力毋庸置疑，然而你却看见他们缺乏情感或灵性上的表现，在直觉与推理能力之间少了平衡。我希望引领你们朝向那些能力的结合，因为两者能携手为你们的世界带来一种全新的能力，可以结合两者的最佳因子，并使得两者都被不可计量地加强。不过，我并不是提倡"依靠情感"高于"依靠理智"，这两个是并行不悖、互相加强而不是互相抵消的。

找到心里的"知晓者"

赛斯说"一切万有"是所有实相及经验的源头，这在心理层面是很复杂的，具有多次元的创造性，他就暗含（意思是"隐藏在底下"）在你们世界每一处的隐形宇宙之中。我们现在也知道，其实很多东西是看不见的，或者还没有成形；在物质后面的东西，这个隐形的宇宙，只透过历史性的时间在你们的知觉中变得更加具体，也就是在不同的时间里慢慢冒出来变成具体的东西。其实他是源自于无形的宇宙，有形的东西都是源自于无形的东西。所以，每个意识单位在其内在都包含着神圣的属性。一切万有并没有形象，却在所有的形象之内，不论那些形象是否可见。

举例来说，人的思维是人用字遣词的隐形伙伴。也就是说，我们先有思维，思维是隐形的，然后再把他讲出来变成字句。而一切万有未言明的主观性（就是还没有显现的主观性），以同样的方式隐藏在所有言明的或显现的现象背后，有生于无、外形于内。

尼尔讲宇宙模型时，他说他没有办法用语言来解释，就用画面来解释。他用一个"苹果橙"（Apple-orange，尼尔创立的新名词，一半物质世界，一半无形世界），比喻从这边到那边，一边是显现出来的物质界，一边是无形的精神界。其实这相当于赛斯的架构二（无形界）和架构一（有形界）。其实，无形这么大，有形的东西就是从无形中时时冒出来的，而不是分成有形无形、这边和那边的。当然，尼尔说的只是一个比较容易理解的画面，并不是真的苹果橙，只要这个例子能够帮助大家想象跟理解就好了。

赛斯使用的一个说法就是"广阔的理智"，就是知晓者，一个知道一切的存在。他说，知晓者是一个存有，当我们在理解一个东西的时候，我们就是在跟知晓者打交道。

知晓者就是你的存有，你是你的存有的一部分，而所有的存有都是神的一部分。存有是一群灵魂，他们有一种共同的兴趣、目的、特性，想要达成共同的目标，而这群灵魂到世界上来，便具有"对等人物"。这个存有就是你个人的神，他会倾向你、护持你，你的喜怒哀乐、你的一切他都知道，他永远在保护你，这叫做恩宠的状态，我们自己不知道。可是，不是知道了才叫做恩宠状态。如果有一天你感觉到恩宠状态，你就会很开心，因为那非常美，那会让你觉得一切都没问题。还不止这样子，就像《圣经》中有一首圣诗很有名："上主是我的牧者，我必不致缺乏。他使我的灵魂苏醒……"这就是那种安然恬适的感觉。

赛斯说，我们每一个人，到某个程度，都"曾经"或者"将会"彼此相关，这种说法，使所有时间里的事件都会彼此相关。

第七堂　价值完成：热情地活，平安地走

在你生命的每一刻，你都与一个未来或过去的事件擦肩而过，这就是"同时性"事件，除此以外还有"可能性"事件。

这是很难懂的概念，尼尔也讲到这个"同时性"。

我们每一个人都跟别人相关，还跟在其他时间、地点、次元的你息息相关，只是这些关系的深浅可能不同。为什么要强调这一点？我们为什么怕死？不但怕死而且怕活？因为我们常常会觉得孤单无助。

赛斯说，你们主要的信念系统会让你们觉得，你们现在的人生是单一的，只有这一次。既不被任何存在的先前经验所支持，也注定会毫无未来地被切断或死去。就前不着村后不着店的，孤孤单单地承受一切的风雨打击。反之，你们永远携带着无数有关未来的知识，你的情感生活在某些层面，你就会被那些无意识的觉知丰富。那些过去或未来爱你的人，透过特别的联系与你相连，增加了他们对你的情感的传承与支持。

如许多人曾假设的（尤其是在小说里），有爱的关系的确是超越生死，并且会把你们放在一个特殊的交流空间里的。生存的意义是在其存在里，生命单纯借由存在就一定会完成目的。那就给我们这些喜欢一直追求结果、一直觉得需要达到某种成就才算是活得有价值的人最大的释然吧！照你们的心去快乐地活着，根本不用去烦恼你到底是不是有价值，你就是有价值。你不可能没有价值，因为你的存在本身就是价值。

价值完成意味着：每个人、每个存有，不论其性质如何，都会自动自发地寻求他自己的及别人的使命的完成。基本上来说，没有一个人使命的完成能通过牺牲别人的使命而达到。当你了解这个，就能以一种安详的超然态度接受挫败或矛盾，并体认到，在你所谓其他层面的较大画面里，这些仿佛存在的矛盾、不幸，都会被看成是对你有利的。尼尔讲的比较简单：我们的意识有超意识、平常的意识，还有潜意识，当你死后或者开悟时，这三个都合在一起，这三个在一起的时候就叫做超绝意识。

"生命云"包含创造之源

赛斯常常讲，生命其实是一个游戏，有时候我们太认真了，一直把自己陷在某一种压力底下，一定要怎么样！那都是社会给我们的想法，其实我们是不需要的。真正开悟的人不是一天到晚板着脸说：我已经达到那个境界，我已经空了，我已经怎么样了……然后就来"渺"你，意思是跟你示威、把你比下去、看不起你。我们真的要肯定自己、爱自己，即使是动物也不只是幸存而已。尤其我们中华民族是最会求生存的民族。所有古老文明差不多都灭亡了，就是中华民族还幸存，因为我们说"好死不如赖活"，所以要一直活着（这也是一种信念）。赛斯说，即使动物也不只是幸存就好了，植物亦然，植物也要活得快乐，连动物、植物都需要所谓情感质量这样的东西。

除了活着，你还要心情愉悦。所以，赛斯谈到快乐原理，也许可以比喻为"对美的潜在欣赏"，那个美明显是无处不在的，是每个生命形态为自己存在的神奇而狂喜。其中，爱的价值超过了自身，而且在其中的每个族类或生命形态又领悟到自己的成就无限地增益其他所有形态的存在。这是我们一再讲的，你自己能自在、喜悦、快乐，也会增进别人的快乐。

因为传赛斯讯息的珍·罗伯茨有一些身体上、情感上的问题，不管赛斯怎样帮她，都很难完全释放。所以赛斯就跟她讲：照顾当下的事，因为它们在这儿发生是有理由的。在每个人的生命里，在你存在的每一点上，问题的解答永远如任何既定问题一样明显。或者可以说，那些答案都在场，已经存在于你的生活里，只是你还没有整理好，或以必要的方式组织。

每一个事情、问题、挑战，都有其发生的意义，有时候我们一直只盯着那些对我们有负面影响的事物，而忘了说：一定还有别的意义，只是我们没有去想、去转念。尼尔、赛斯都说转念：你不要执着于那些偏执的看法，换个角度，会看到你以前没有发现的那些东西。而且信念也很重要，赛斯说："相信一个供应你的神，不论他的名字为何。这的确是身心健康的一个必要条件。"

最后讲到生命云，这个东西相当难懂，他说：生命就好像一大团云朵，所有事件的种子都在云朵里面。在云里面时，你没有看见他，当他下来变成一个事件的时候，你才看到那个"可能性"。你自己的整个生命结构就是活生生的生命云，在其他实相里，这一点可能被感知，也可能不被感知。在那个云中包含了永远在更新的创造之源！

对于可能性和平行宇宙等议题，我们平常不太会去想，也不太懂。赛斯有两本书都在讲"可能性"。有一段不禁令我联想到2012可能会发生什么……他说"可能性"也许在处处打转，然而，在这突兀而奇怪的比喻里，你也许会听到一个微弱且短暂的呼呼声，就如同打转的声音。你认为它不重要——但你听到的却是一整个世界的可能性飞驰过你站立之地的声音。很难理解，可又"似曾相识"，不是吗？赛斯说，当你做梦、睡眠或思考时，你自动增益一个生命云或者叫做梦云的其他次元，那是你自己的主观动作本身所造成的。甚至你在每一刻、每一处都表达出它的"无限"，因为无限本身并不是一种与"宇宙的本然"分离的东西，宇宙是无限创造性的一部分，它根本就是无限。

所有生命云的每个部分，都在追求价值完成，可叹的是，那名词本身并不足以表达生命的多变、目的或意义的本质。可是这些目的与意义并不与你的存在分开，你是生命意义及目的的一部分。那些目的来自你自己存在的源头，因为它们太伟大了，而无法在你个人性的结构里得到表达或者描写。

不过，有时候当你在聆听音乐，当你深深被情感扰动，或者当你不在你与他之间保持很大的距离时，常常会体验或感受到这种"了解"。从你所在之处开始，以爱照顾你拥有的生活，最能让你领会到"对你自身的意义"的一种感受。

站在所有实相的中心

最后赛斯说，我也不要你们以为，你们问题的答案是在梦境里预先包装好的，除了那些拥有独特才能或拥有玄秘世界的某些神秘知识的人，一般人几乎无法做到。这就有点像所谓通灵的人、大师、算命的人才可以知道的一样。问题的答案并不是你不知道的，只是你以为你不知道的。很多人远在印刷术开始之前，就学会相当熟练地去阅读自然，去观察季节，去探明灵魂的季节。那些答案就与你们后门的台阶一样近，因为在你们存在的门槛上，所以你们会自动站在知识的中心，实际上你们从未处于事件的外缘。

他说，你们是站在所有实相的中心，因为在你们的中心，所有的存在将交会于此！对每一个人来讲都是此时此地，只有此时此地。在每一处，你们是所有"存在"的一部分，而"存在"是你们的一部分。宇宙的每个部分都携带着其他所有部分的知识，而一个实相的每一点都是那个实相的中心，因此，你在宇宙里自成中心。

当这些想法自然地在你们内在激发出更多的深入洞见，你们每个人内在的"说法者"就能浮到日常意识的表面。说法者是最先教你们具体语言的那些内在声音，你们要称之为电子的声音或者神明的声音，都同样正确。它们都是一切万有的代表，如同源泉一般会流溢出知识与爱。他说，所以我并不要你们集中注意力，去记住感知其他实相的方法，只是要了解这种洞见是唾手可得的。所以你们要开始读你们自己的思绪，这远比学着去读别人的思绪重要，因为当你自己的感受为你所知时，你会轻易看到，所有其他感受也都反映在你自己里面了。

他说，当你在读上面那样的句子时，你多少释放了你的心智，打开了更大的组织。你们的人生是你们正在忆起的一个梦！赛斯书不是你一口气就能读完的东西，你会像啃一个大饼一样，一下子啃不下来时，慢慢地尝一尝，当你有感动时，你就会觉得值，会觉得：喔！原来如此，没有那么难。然后你们再继续看，就会有收获。如果真的没感动，那看别的也可以，看"与神对话"系列也可以。

生从何来？死将何去？

热情地活是价值完成，那平安地走呢？《与神对话》的作者尼尔有一本书《与神回家》，我看了好快乐！怎么有这么巧的事情。我已经跟大家分享了很多关于死亡、关于书的内容，可是这本讲的真的很美，又很清楚，是容易让大家理解的书。看了此书我就一直哭，真是太快乐、太美了！这一切安排是这么的完美，所以我要跟大家分享，更为这个题目增添了完美的结局。

尼尔所讲的价值完成，我挑出其中最让我心动喜悦的部分跟大家分享。有共鸣的话，可以详见那本书。要是不懂也没关系，不要气馁，那么多发亮的"珠宝"在那里，能看到其中几个就很快乐了。

原著是2005年就出版了，可是我们都不知道。有个朋友先看了简体版，他是一个"与神对话"系列的书迷，也是我的读者，他非常喜欢这系列的书。他看了之后觉得不对劲，简体的翻译跟我们繁体版不太一样，他就把"与神对话"系列书又翻出来看，再参考以前的那几本一边改，他想先译出来跟大家分享，因为真的很美！

所有的哲学、宗教，其实大半都是出于人生的大问："我为什么来？""我死后会到哪里去？"而其答案，会随着时间、情况有所不同。浸淫在新时代思潮里将近四十年，我个人的结论是：人生就是要热情地活，然后平安地走。没有恐惧也没有遗憾，觉得安然、自由自在。

尼尔这本《与神回家》真的很棒，你们一定会读得很开心，读它不会像赛斯那么艰难。大陆原本将这本书翻译成《回归神》（书正式出版时变成《与神回家》），问题在这个"家"，意思并不是说你回归天乡，一般宗教人士会这么讲，回到神的家或者是天堂。可是在这本书里，这个词的意思是：你跟神一起在你的家里，神就是你的家，你也是你的家，所以有一个很巧妙的东西在里面，很难以一句话就解释得非常好。还有一点，这本书里讲，在你一生中，虽然不觉知、不知道，但事实上神一直在你的生活和你的生命里。神就是无所不在，你不可能不跟他在一起，只是你不知道而已。

我还记得《与神对话》里有一段讲得很好，他说，神是如此大的一个靶子、一个目标，他如此大，你不可能打不中，他就在那里，你怎样也逃不过他。尼尔很有口才，也很机智、风趣、很会玩文字游戏，看了他的书你就会觉得很好玩、很开心、很有趣。他说，不管是生前还是死后，你都没有办法离开神，因为他无所不在。他就在你的细胞里，一直都在。就像我讲过，我体会到"除了神没有别人，除了爱没有别的"一样。

讲到死亡的过程，他在《与神回家》中说：死了以后，在第一个阶段是没有身体的，你的灵魂已经离开身体，所以无论如何你都不会痛了。第二个阶段是没有心智的，你不会再去判断自己、骂自己。在你回忆你这一生的时候，你会看到所有的事情，而且有时候甚至会看到你的前世，因为那时候已经没有时间存在。可是，你不会受苦，你会像看图画一样看到你的故事，可能你会看到你打人或挨打，你那时候已经没有肉体也没有心智，所以只会看到画面但没有痛苦。第三阶段就到了核心，像一个苹果橙，到了核心的地方，你和神融合了。之前，我们生命中的神是无处不在的，但那个时候你跟神还没有完全合一、融合，到第三阶段进入核心时，你就跟神融合了。

以上我只是很简要地讲了一下。中间有一段，神跟他讲，所谓的神就是一个单一体，我们是他单一体的个别化，也是他的分灵、分身。可是当你回到那个中心的核心部分，与神融合的时候，你会感受到你就是他，你会忘记你的个体性，因为你已经完全跟他合一了。

如果你与神融合而失去了个体性的话，是什么让你再分裂出来，跑出来？我在想：这到底是什么状况？我忽然灵光乍现：合为一体，没有个体性，不就是所谓的涅槃吗？佛教说到涅槃的时候，你的业都清了，涅槃就是你已经终止了轮回，回到了涅槃状态，进入空性，如如不动了！

他说在核心与神合一后，就会有一个力量、能量，把你冲出来，让你又是个体化的你。这个能量就是神的本质，他有不断向外创造、向外展现的本质。

还有更多次元，或更高层次的东西，你可以去体验、去做，这就等于演化。我们现在只不过是三次元而已，那进化到四次元会怎么样？不知道。他说去了解量子力学就知道还有很多次元。

灵魂沐浴在本源发出的光里

还有一个很重要又很好玩的观念。他说,并不一定要死后才能有那种融合跟狂喜。人生中的种种,往往会令你在无意间遇到神,尝到那个滋味,尝到融合的喜悦。有时候你会忘了,可是你可以再想起那种喜悦。而且在人生中,你也可以慢慢累积越来越多的类似经验,最后可能一跃就超过了。他这种讲法很像所谓的"渐修"、"顿悟",累积足够的时候,你的意识状态已经超过平常我们在人间的意识状态,所以你能一直长时间地停留在那种体会中。

他说,要怎样才能增加我们对神的体会?像看这些讲真理的书,还有欣赏或者浸淫在美的事物跟心情时,心情也是美的。所以我跟大家分享的是对真善美的追求,这就是让你达到越来越喜悦的状态。

他说,这个时刻即将到来,这一刻的神奇美妙是无法描述的,所带来的信息和知晓,在意识层次上无法掌握,只有在超意识的层次上才能够想象。在融合之前,灵魂留驻在光的前面。融合的时候,沐浴着本源发出的光,任何恐惧、不安、忧虑都在穿过通道的过程中消失了。本源辐射出纯净的爱,灵魂在他面前体验到一种只能称之为被覆盖的感觉。想象一块被温暖糖浆覆盖的薄饼,或被热巧克力覆盖的冰淇淋,就像那种感觉。一股甜蜜的热流迎接着这个刚来的灵魂,那是一种轻柔的温暖,将灵魂全部覆盖!伴随着这股热流的,是一种完全彻底地被看见,没有任何隐藏!

他说，灵魂认为自己曾经有过的或好或坏的东西，在这个过程中被光吸收掉了，所以没有任何的判断、好坏。哪怕最轻微的羞愧或骄傲，也都消融了，灵魂只剩下一种美妙的空，不再执着于任何东西、任何体验，只是敞开。这是一种温暖的拥抱、深切的安慰、深深的珍爱、衷心的欣赏、真诚的珍视、温柔的滋养、深刻的理解、完全的宽恕、全然的赦免、无条件的爱，到时候，这个灵魂不再拥有任何对于他物的欲望，而融入这无与伦比的荣耀、永无止境的辉煌、无与伦比的美、无与伦比的圆满与赞叹！我看到这边，就一直泪流不止，因为这真的是我曾经体会过的那种美！跟大家分享过，我在美国的时候，第一次看见"光"，就是那种感觉。

后来在印度体验"合一"那一次，如第三堂课里讲过的，我觉得自己一无所有，完全归零了。那时候这种不可思议的感觉又来了。尼尔后来有一段也讲，在与神融合时，不只是灵魂的外在，好像整个灵魂都被爱包住、抱住，灵魂的里面也充满了爱！我本来心里是空空的，后来就整个满了，满了以后，那个喜悦就这么溢出来。这种体验我已经历了两次。

尼尔讲的被了解、被看见、被接受的那种幸福，我碰见我的双生子的时候，也再度体会！为什么那么快乐？就是因为我没有任何的期待，没有修饰自己或者要讨好谁，就是被他看见了。他不只看见了我的外在，还看见了我的内在，而且能够呼应、接纳、喜欢、欣赏。所以，我真的是太喜悦、太感恩、太开心了。

尼尔还讲，还有什么方法可以达到真善美？比如冥想、深深祈祷，而不是普通的念经，有口无心那种当然不算。比如身体的练习，瑜伽、太极拳、舞蹈，还有让自己处在"惊奇并且敬畏生命中的一切"的状态。想要拥有这种体验的单纯意愿、纯洁真诚的愿望，就是通往这超然时刻的钥匙。虽然这是可遇而不可求的，大家也不用担心。我一直说，成佛是不可避免的，你若已经完全超越了任何的苦恼、不了解、恐惧，这就是我所谓的成佛。

人生中的邂逅，都是最美的恩赐

尼尔的书中还讲，所有出现在你世界里的人，都有一个神圣的原因，以便你能知晓、选择、表达、体验、实现真正的你。写到这里，我也要感谢出现在我生命中的每一个人。不管你在人生中邂逅了谁，不管是短暂或长久的交流，都是一个最美的恩赐，彼此邂逅、感动、喜悦、欣赏。就像我莫名其妙地开了这八堂课一样。虽然大家不认识我，但我就莫名其妙地来了，然后你们还能忍受我这种灵魂脱衣舞，跳得不怎么好，不过脱得很光就是了。

我从来不认为自己完美，但我的确有时候又很苛求完美，所以造成很多的问题。尼尔也不完美，他做了很多坏事，很怕下地狱，他说要被审判的话，自己该怎么办？他说他实在对不起很多人。后来神就跟他说，你是不完美的，可是这个不完美的人传达了最完美的讯息。也就是说，假如你本身就很完美，是个圣人，讲出来的话都很完美，一点瑕疵都没有，而神讲的话也应该这么完美，那人家就分不清，你是自己假装在替神传话，还是真的是在做神的管道。而如果你不完美，人家一看就知道这是神讲的话还是你讲的话，因为你讲的话一定是乱七八糟的，可是神讲的话就是那么完美。所以他说，不完美的人也可以做最完美的管道，因此我希望把很完美的讯息传给你们。

他书里还提到，神说，如果你们已经实践了我告诉你们的一切，会怎么样？

第一，你的脑子里再也不会怀有负面的思维。

第二，如果一个负面思维溜了进来，你会立刻把它从你的头脑中驱逐，你会故意去想别的事，你会轻易转念、改变心意。

第三，你不仅能知道你真正是谁，还会荣耀并且证明这一点，那是指你会去体验你的所知，以此作为你演化的行动参考。知道你的心、体验你的心，然后你会行动。

第四，你会全然地爱你自己，正如你本然的样子。

第五，你会全然地爱每一个人，正如他们本然的样子。

第六，你会全然地爱生命，正如它本然的样子。

第七，你会宽恕任何人、任何事。

第八，你永远不会去故意伤害任何人，无论是身体上还是情感上的，更不用说以神的名义这样做了。

第九，你不会再为任何人的死亡哀伤，一秒钟也不会。你也许会因为失去亲人而难过，但是，不是由于他们的死亡而难过。

第十，你不会再恐惧或哀伤你自己的死亡，一秒钟也不会。

第十一，你会知道一切万有都是一种振动，于是你会更加注意你吃的、穿的、看的、读的、听的东西的振动，而最重要的是你的思、言、行的振动。

第十二，你会尽一切可能去调整自己的能量，以及你所创造的身边能量的振动。如果发现不符合你对"你是谁"的最高想法，以及你所能想象的最辉煌的经验，或假如你发现这些你发出或你体会的振动，不符合你对你自己的最高想法，你就会去调整自己的能量振动。

我很感恩，尼尔这本书恰好在讲第七堂课前来临，这印证了我的历程，更丰富了"平安地走"这个部分。相信大家也将受益，并获得平安幸福，无论是生前或死后！

看尼尔这本书稿，第一天我还没看完，就感动、喜悦得不得了，然后就决定，不再弃世，不再抛弃这个世间。其实我是很怕活的，活着太麻烦，吃喝拉撒睡，还要做很多的事情。然后，我一个人孤孤单单地要处理生活的事情很麻烦，又很紧张、焦虑，身体假如有不适就更焦虑。焦虑跟身体不适刚好是一个循环，你越焦虑身体就越不好，身体越不好就越焦虑，觉得自己很无助。

那个时候我的身体倒没怎么样，只是，我要做的都做了，自我价值也完成了，没有什么好再贡献的，我就这么走是最好的。可是碰到双生子以后，我就被他留下来，因为有情感的牵绊，舍不得走了。

现在，他也还没有机会真的陪着我，可是我看了尼尔这本书以后，又觉得，其实我还是可以有所贡献的。我希望以另外一种方式，把我感受到的喜悦、去除死亡的恐惧等讯息带给需要的人。

对死亡的恐惧是每个人生命中最大的重担，如果我能去掉这个，就可以尽情快乐地去做自己，这才好。所以我不再弃世。当我把这些都做完以后，再想别的方式，看自己能够用什么方式帮助更多的人。

第八堂 2012···思天地之悠悠

我们需要一套新的心灵蓝图,并将其进一步伸展到未来里。
回到你心里,你的「内在圣所」里,
知道你是受祝福的,你是被爱的、安全的。
如果你保持这样的心情,你就会持续健康下去。

有关2012的议题，我本来就接触了一些，最近又越来越多地接触到一些相关讯息，有的讲得太广、太远、太理性，完全是讲物质世界形成的整个历史。我们现在知道的是有记录的历史，可是有些数据讲的是从宇宙到现在所有的物质界、外星人怎么样来地球殖民等，把这些当做科幻片看也蛮好的，可是看完了以后总觉得缺了什么……缺的就是心灵方面。纯物质世界的演化不会感动我，我还是以赛斯的说法为根基，再兼论别的几位大师对2012或者未来的说法吧。

宇宙包含了无数的层面

其实，像赛斯以及另外那些大师，他们并没有强调2012会怎么样，也不认为末日会来，只说未来会更美好、更不同，我们的意识、感官也不同。也就是说，这是一个美丽的新世界，我们回归到跟神的连结，没有恐怖没有恐惧。

这个"安全的感觉"很重要。从一个"很恐惧的"或"物质层面的"视角去看所有的事情并不妥，因此我变得比较能够从更高的层面、更大的眼界或不同的视角去看这个世界。否则若陷入一种恐惧中，自己跟自己过不去，就会把自己所有的天赋都禁锢起来，不承认、不信任自己的冲动，也不信任自己的天赋，以为自己只是在三度空间中行走的一个人，不知道自己其实是神的一部分。

因为我们每天所接触的有限，我们的眼界就这么高，只有看到的才觉得很真实。其实所有的大师，包括赛斯都说：一切东西都是从源头出来，从无形变成有形的。这点非常重要，是大家不能忘记的。

赛斯从早期课第12节就已经讲得非常精彩，到第42节又讲到宇宙的浩瀚、流动与主动。他说，如你们所想，宇宙包含了无可计数的层面，全部都占据了同样的空间。他说"全部都占据了同样的空间"这点最难懂，其他大师都这样讲，连量子力学的大师也这样讲。同样的空间同时发生一些事，还有平行宇宙，这都不是像我们眼界这么小的人所能知道的。在这些层面里的形式是不断在变动的，没有东西是不动的，就如那些层面本身一样。

换言之，在一个层面和另一个层面之间，有一个持续的能量和活力的交换，以及实际的原子与分子的交换。甚至一个层面会穿透另一个层面并促成互动，也造成了我们可以以不同方式感知的效应。这是在早期课里面讲过的。所谓的"透明"，不是我们看见的东西透明，而是说，一个世界跟另外一个世界是共有且互相影响的，这个才叫做透明。很有意思，这是我们平常大概想都不会想到的事情。

新时代已经不需要宗教

我并不是否定宗教的内容,而是否定宗教的组织与权威性。

我们平常以物质性的人、世界、科学等角度来看2012这个课题,就会猜想:会发生什么事?人会死多少?如果通通都发生了,其实也没关系,因为我们的灵魂不灭。我们若进入到涅槃的空性,完美的融合,还是会被神的创造力推出来,继续在多重次元间活动和创造!

人是永生不死的,但是人们已忘了这一点,就只记得把这个特性赋予神明,把这些我们以为不可能做到的通通送给神。实际上我们就是跟他一样,只有内我(潜意识)在休息时、冥想时,可以偶尔瞥见这些无法具体表达的一部分内在实相。因为那些心灵的东西无法用语言来表达,图画也只是让你想象一下,根本没有形象、没有组织、没有架构,你怎能完全理解?

赛斯说,这些没有办法具体表达的内在实相,会按照每个人的了解程度而产生一些洞见。古代那些创教的教主们,有他们不同的理解程度与体会,但真理就只有一个,我们将按照每个人的不同禀赋而获得某方面的智慧。能够了解的通常只是一小部分,因此个人观点与衍生的故事常常是不一样的。

基督意识与弥勒

我要提一个很有趣的东西,就是赛斯的预言。他说:2075

年以前，我们的世界会有非常大的变化，基督还会再次来临，而且那时候已经是一个和平、合一的世界，这是对我们的一个保证。很有趣的是，这跟基督教的信仰与信条有很大的不同，所以要跟大家澄清一下，大概除了赛斯以外，没有别的通灵者或者是大师讲过这个。

他说，其实我们历史上的基督已经是第二次再来。基督只是基督意识，他是一大团很伟大的，非常了不起的意识。他并不是一个人而已，他是一个存有，以前说过"存有"是很大的一个灵团，很多的灵在里面。他说，基督意识早已在宇宙各界出现，可是他已经到我们物质世界来过两次，第一次是在亚特兰蒂斯，然后他又曾在很早以前第二次来临。

他说，基督意识是如此伟大，他的智慧与能量都太大了，一个人根本没办法包含全部，所以就分成三个人格，一个是施洗约翰，一个是耶稣自己，一个是保罗（保罗本来反对他，后来因为一些神迹而信他）。虽然耶稣请彼得建立了教会，但是由保罗组织教会，因为他认为组织起来才能传播教义。保罗是受过高等教育的人，会希腊文，也会写很多诗句，他还是很好的牧羊人，踏实地照顾着他的羊群。

为什么要讲这个？因为赛斯讲过，21世纪要来的那一位基督是第三人格，那时候珍也搞糊涂了，不知什么是第三人格，明明讲是第二次降临，怎么会是第三人格？赛斯全都讲清楚了：保罗会再来。以前为了传教义而建立教会，但很多东西都失真了。他再来就是要把教会打散掉，所以他的来临不是为了让教会更巩固，而是颠覆教会的组织。他将清楚地说出一些方法，使得每个人与他自己的"存有"能达到一个亲密的接触状态，即与神连结。到了2075年，所有这些都已完成。基督人格会以一位伟大通灵者著称。当他出现时，我们所知的人性里的那种好战天性将被全然改变，并被扬弃！

他也说道，21世纪的时候，这些宗教会慢慢变得更加式微。有组织的宗教只是画一个框框，把他信的东西框起来而已，并没能包含全部。我们在自己心里面就可以直接接通全部，根本不需要借由结构性的教会组织去包好，再给我们。也就是说，人不必再透过教会的中介，而是可以直接跟神沟通。

西方中古世纪时，教会的势力凌驾于人们的生活之上。人一生的过程，出生、受洗、婚礼、葬礼，等等，都在教会力量的笼罩下，必须透过教会机构这个媒介才可以接触神。原始社会有巫觋，这些人可以直接跟天地鬼神沟通，但是西方中古时代的教会不允许个人直接跟神沟通，要透过教会机构才行。

他说，到2075年，这些事情都已经完成，他完全没有提2012。可是，有人问他会不会有世界末日？他说，我们所知的这个地球并不会被消灭掉，但还会有天灾人祸，也有一些战争，不过不会有毁天灭地的全球大战。有很多人死亡，可是我们这个人类的世界还是会继续存在，而且会变得完全不一样，我们的意识会提升，人种也会改变。

他甚至说，未来，在一个人里面，可能会容纳四个不同的灵魂面向，就是像我们现在所谓的多重人格。现在讲多重人格好像是一种病，他说以后人们可能都会变成这样，但大家依然可以相安无事。当然现在还难以想象，居然能有四种不同个性与性别的人格会交替出现在同一个人身上！

这是赛斯对于21世纪新时代的一些预言，可是他没有说人类会整体灭亡。他是说，人的内在本性会随着这些发展，将把自己由过去的许多束缚中释放出来。

一旦新的纪元真的开始，虽然不是人间天堂，却是一个比较健全与公正的世界。在其中，人们会更加明白他与地球的关系，以及他在"时间"这个范畴之内的自由。在那个时候，已经不需要宗教，每个人都会建立起自己与天的直接连结。

新时代的每位大师、每本书都在讲"与神连结"、"与神对话"，赛斯就是这样讲的。越深入赛斯，对他讲的东西就越来越有体会。他讲的东西实在是不容易懂，可是你越看到后来就越会赞叹，真的是这样！会觉得非常喜悦。

认清灵魂的本质

在《灵魂永生》里，赛斯说，你现在是一个灵，那个灵拥有一个意识。灵可以把意识打开或关掉，意识本身是不眠的，关上的时候仍有微光，灵永远不会出现在意识被熄灭了的"虚无"状态之中。我们最基本的恐惧——死亡的恐惧，其实就是对意识熄灭的恐惧，你觉得你不存在了，你就没有了。所以了解"意识永不熄灭"是非常重要的，这就是赛斯一直强调的灵魂永生。人家问我赛斯哪一本书最重要，我说《灵魂永生》。当然别的书他也讲过有关死亡的内容，可是这本讲得最清楚。

赛斯也讲到转世跟轮回，这跟我们的主题有很大关系，因为除了死亡,这个世界的运作就是转世跟轮回。

他说,人有自然的罪恶感,当你伤害到别的人或是别的生命,就要觉知你触犯了对方。这个时候你改过、不要再犯就好了。这并不会变成一个罪,而要你必须去弥补。而人工的罪恶感是人集体意识的概念,它是因为社会的传统、文明的发展、当时的时空条件而造成很多想法。

人工罪恶感不像自然罪恶感——不小心犯了错、触犯了别人就改过——那么简单,不是这样子的。人工罪恶感使"错误"变成一个罪,变成我们所谓的业,所以才需要我们得到自我惩罚。人就喜欢自我惩罚,包括我在内。其实宇宙法则是没有罪、报复、惩罚的,如果你扩展你的爱、健康与存在的感觉,便会吸引到那些质量,因为那是你专注的事。

赛斯讲过一句很重要的话——"你创造你的实相",已变成新时代的名言。根据你的信念,不管你在什么次元,不管你是有形还是无形的,你都在创造你自己的实相。所以他说,你要觉知你的心念、感觉,你专注在什么上面,你就会得到什么。我们往往不喜欢自己得到的东西,觉得这种烂事情、讨厌的事情怎么会发生在我身上!这时候就要转移你的专注力,专注到正面、开心的事情上。尼尔《与神回家》那本书说:"当你开悟以后,没有负面的事情。"这就是他要讲的意思。所以合一有一个咒语"我是意识、存在、喜悦",这就是我们灵魂的本质。

我们都不希望有战争,可是如果被欺负,为了保护国家、人民、土地、财产,我们往往认为自己一定要反击,一定要用仇恨杀回去。赛斯说,为了这类理由怀恨而死的话,你就会吃大亏。在下一生里，你将以现在的态度做事，这就是业。这不是报复，而是你怎么活就怎么死，你怎么死就怎么活，你没有解决问题，还是紧抓住那些负面情绪，你就会再体验，直到你懂得，这些是不需要抓住的，这根本不是真的，是你自己吓唬自己的，或者是别人吓唬你的。对于这个，自己要有智慧去辨别。

不必压抑，要认知

赛斯说，凡是人家对你的负面评语，说你不好或者胁迫你，这样的话你都不要听，根本就不要上当，你就是要回到你心里——你的"内在圣所"里，知道你是受祝福的，你是被爱、安全的就好了。如果你保持这样的心情，就会持续拥有健康。我们会不健康，常常是因为自己很害怕，觉得一切都跟我们作对，或是觉得这个世界是对我们不利的，或者人世间充满着对我们不利的。我们感觉自己在这个世界活不下去，就会产生很多的病，情绪敏感或被细菌侵入，认为自己没有抵抗力。于是你拼命想要去抵抗根本不存在的东西，杯弓蛇影，这都是跟自己过不去的做法。

《圣经》里面有一句话，你可能会觉得不对，可是现在看起来，其实是对的。《圣经》说："公义在上主。"就是说，你不要去评判别人，他是否该当死罪，公义在上帝手中。一个怀恨的人总相信自己有理如此，都是人家对不起你、人家伤害你：他对我这么坏，我怎么能不恨他？难道你要我压抑这个恨吗？其实，不是要压抑这个恨，而是要认知这个恨。你要认识到你在恨中，然后你知道这个恨是没有意义的，只会伤害到你，对他无伤，所以你干吗因为人家对你不好，再去伤害你自己呢？

赛斯说，一个怀恨在心的人总相信自己有理由如此，他绝不恨任何他觉得好的东西，因为他相信那个人坏、那个东西坏，所以他认为自己恨得很公正。这个恨本身会完全占据他，也就是说他被恨抓住了，恨生生世世地跟随着他，直到他学会：只有恨本身才是毁灭者。

看到赛斯讲的这些东西，就想跟大家分享。我们常常活在被负面的概念洗脑或催眠的状态下，觉得自己站得住脚，觉得上帝、公义在我这边。其实上帝要怎样，随他吧！我们不要把恨据为己有，然后自己害自己。

他还讲到，这个世界上最糟糕的就是战争，战争是恨的大集合，你打我、我打你，永远冤冤相报何时了。战争是大规模的，不像私人恩怨，打一拳可能死不了人，冤冤相报还有历史的纠葛，像以色列跟阿拉伯国家的纠葛，公说公有理、婆说婆有理，有理讲不清，这样下去根本永无宁日。

有一次，在赛斯课中有个人和我一起来上课，那人说，哼！恨是可以原谅的，因为那些人实在太坏了。本来是珍在跟他们上课，赛斯就跳出来跟那人说，恨战争不会带来和平，要爱和平才能带来和平。所以，恨生出来的是恨，恨永远不会生出爱来。

珍写过三本小说，大家可能都没有看过。她的小说是跳跃式的，从这个事件跳到那个事件，从这个人跳到那个人，从古代跳到现代，从现代跳到古代，可是都是同一个灵魂在不同时空中的不同面向，是这些灵魂与另一些灵魂面向的遇合，它们彼此交织。她讲到古代人留下的一些线索，我本来不知道是什么东西，后来才知道这也叫做"附录"，就是指古代人留下的一些智能，其中还有对未来的预言。

有关这个预言，赛斯在《梦、进化、价值完成》里曾讲到过，但其实讲得比较明白的还是在《心灵政治》里面，原书第285页讲到"附录"这个东西，原来有五个附录都是对于未来的预言。书中说，意识扩展、自我扩大了以后，你就可以感知，就有这个可替代的神经路径。我们的神经路径是复杂的，现在西医也很难解剖出所谓的神经路径。不过中医可以诊断，虽然没办法看见、没办法解剖，可是会有一些反应，会有一些效果。从那些效果中我们也可以验证，比如说扎针时，远程的经络会像触电一样。

意识扩展与提升

意识的扩展，是2012年各派别一直在讲的，也就是意识的提升、扩展会把我们以前老的、有限的那些意识，扩展到可以感知更多次元的世界，内在感官也会充分发展。那个时候，这个世界的人类其实已经跟现在不太一样了。

还有，现在有很多儿童，来的时候已经跟我们小时候不一样了，有水晶小孩、靛蓝儿童、彩虹儿童，他们生来就知道很多我们大人不知道的东西。所以就很像《先知》里面讲的，你的小孩不是你的。为什么？他们的心灵世界要远远成熟于我们的，他们以后的生命、意识、感知、心灵的扩大，都不是我们做父母的人能够追得上的，也是我们没有办法了解的。你既然赶不上，就不要用你有限的眼光去批判他，还要教他应该这样做。其实他的世界跟你不同，他感知的世界也跟你不同。所以，当我们的意识扩展以后，三次元的世界真的就会崩塌改变，宗教也会解体。

三次元的世界是我们以前的概念、以前的信念所创造的，现在很多都发生了改变。宗教都在反对自我，都在说这个自我不好，赛斯说，其实自我无罪。综合来看：有的人说自我不好，要高我、大我才好，有的人又说小爱不好，小爱很自私要大爱。我是觉得大爱、小爱都是爱，自我、大我都是我，只要看你灵魂的展现有多少。

我们的灵魂很大，但是展现只有一点点，因为我们恐惧、害怕，所以要加紧维护自己的存在。你一旦知道你是安全的，你不用恐惧的时候，你就可以放大，不用提防，不用步步为营，更不用一天到晚觉得自己很危险。所以小爱为先，你要先爱自己，先肯定自己，先认知自己，先接受这就是我，要把"我"发展到最完整的地步。不批判自己，对别人也是以这种心，爱自己也爱别人，因为他们跟我本质上都是一样的，没有高下之分。

有一些派别很喜欢问：你是第几层？我是老师，我层级比你高，搞出许多优越感来。灵性的优越感并不比物质上的优越感差，不好的是"有优越感"这种状态。不管是在哪个层次，灵性层次也好，物质层次也好，根本没有这个东西。

自我是什么？你要先知道什么叫做"我"，自我的执着是：根本不了解它是什么，就抓着不放，把一些很狭隘的观念、被灌输的观念抓着不放，认为这个就是我。其实不是这样的。这是更大的，是可以放松、悠游自在的一个我。

自我有一天会越来越扩大，不是更自我，而是自我的界线会消灭掉，会扩大到跟大我相通，这就是所谓修行的意义，修行会越来越把别人跟自己的恐惧、界线、判断消灭掉。

赛斯说，基督教代表人类心灵发展形成的第一个内在模式，然后它就外在化，外在化为神话。我们与那个大我连结了，向他开放、扩大，就变成跟他一体、合一的了。

《梦、进化、价值完成》里面也讲，要重新同化、吸收自己的那些部分，也就是你之前把自己的内在部分投射出去变成神、魔这些东西，再把它们吸收回来变成你的。赛斯提示我们：要了解与接受自己的那些潜能，而不投射于外，为自己的行为负责。

有人常常说：这个佛叫我做这个，这个神、鬼叫我做那个，又被阴什么的所困……其实，你要认清，这些都是你自己。你不承认和排斥的东西，是因为你觉得那个不好，那个根本不是我！其实那个就是你，你要把他吸收过来，爱他，让他没有恐惧，这样就是在为自己的行为负责。没有什么叫做魔，也没有什么叫做邪恶，邪恶就是无知跟误解的结果。赛斯讲的这些话，我觉得都是暮鼓晨钟，让大家知道到底怎么一回事。

赛斯说，如果不改变你对神的理念，就会局限自己，而没有办法去创造可能的未来。我自己直觉上相信很多人都是从外星来的（虽然我也不能判断这到底是真是假），有各种不同的外星人到地球殖民过，有一些外星族类比较暴力，有些则比较温和，经过很长时间的演化，最后就变成我们这些人类。

赛斯讲过，人并非从猴子演化来的，人的意识本来就是这么高的，我们一开始就是进入了人的身体里面。人类一共有22种，虽然有不同的肤色、不同的语言，可我们都有同一个祖先，即来地球殖民的天琴星人的后代。

在《未知的实相》的上集里，珍有一首诗我很喜欢：

今日即明日，而现在即过去，
万事皆空，而世事皆恒久，
既无开始也无结束，既无可堕落之深，也无可攀升之高，
只有这一刹那，摇曳之光，遍照空无。
但哦！如此光明！

这首诗真的很有禅意：一方面是有，一方面是无，又空又恒久。"有"是物质的，就是具体的东西；"无"并不是空的，这个"无"是无形，是心灵的东西。

与神的核心合一的体验

上一堂讲到我悟到与神"融合"的经验应该就是"涅槃"。尼尔说，在无止境的"变化"（变动不居的意思）状态里面，有一些被称之为已达完美的情境。（已达完美了喔！）

若非在其中还有创造性的话，那所有的经验都会命定似的戛然而止！所以赛斯和西方系统才反对涅槃，因为戛然而止就是没了、无了，就被消灭了，其实并不是那样。

可是，尼尔说，神的创造力是不会停止的，会把你冲出核心，所以你又进到橙子里去了，然后你再重新做决定，看你是要到世间，还是有别的选择。这样说的话，涅槃其实没有什么好反对的，它就是这个状态，并不是我们融入后就永远不出来。

这就是所谓的天堂的幸福，可是你还是会出来，因为创造力是永远在运动中的，没有办法停止下来或消失掉。

再讲到尼尔。他说，所有这些事情，我们所谓好的事情、坏的事情，或善的、恶的，其实都是感知角度的不同。我们为何一直轮回？因为我们要彻底体会不同的角度。你现在从这个角度看到的是这样，你就说原来世界就是这样；你到另外一个角度看，又觉得其实根本不是这样。从一个更高的角度，可以看到更多，从各种不同的角度去了解世界，永远没有止境。

众生灵性平等

最近我看到一本很有趣的书，叫做《懒人开悟指南》。其实这本书是蛮早以前美国的一个老嬉皮写的，他好像比我还要老，用迷幻药的经验很多。他第一句话就是"众生平等"，所有的有情众生都是平等的，每个人都是没有高下之分的，都是很美的，都是神的一部分，都已经开悟，只是他不知道自己已经开悟。于我心有戚戚焉！讲到开悟的状况，像服了迷幻药以后有一种飘飘欲仙的感觉，他把它翻译成体验到空性，他不讲"无效的"、"空的"，他讲space，平常这个词可以被翻译成空间、太空、时间……可是译者只把他翻译成空性或者是空间，那并不是"无"，而是大得不得了，非常开阔。他说，其实所谓的修行，直接的感受就是扩张，你的意识扩张、爱扩张。扩张像是一个开悟的状态，越扩张就越喜悦、宽广、安全，没有那些乱七八糟的杂念。可是当你恐惧的时候，就收缩，收缩就是恐惧。

赛斯的《心灵政治》附录中还讲到，因为我们现在这个世界只认同一个自我，自己统治自己，就等于神统治人。神统治人，人就主宰地球跟其他的族类。未来则是认同自己的扩张、认同多次元的自己。我们现在都以为这就是小我。赛斯经常讲到多次元的实相跟多次元的我，有很多平行的我及有很多可能性的系统。

赛斯还说，我们需要一套新的心灵蓝图，并让计划进一步伸展到未来里。我们曾经将三次元的戏剧误认为是实相的代表，神经被冻结了，被迫认知只有一个序列的感官知觉模式。序列跟时间有关，是线型的顺序，并被认为只有这唯一一种模式。其实我们不是这样来到这个世界的，而是一直不停地从你所在的时间、地点，向外面散开来的。

谈到未来的可能性，赛斯说，人将能够维持自己，而不必去耗光地球的资源，能够过着不杀生的生活，而且真的能够形成一种新的，与地球相连的身体结构。这要看以后怎么发展，再来讨论。

哪些人不需要赛斯？赛斯说，有一些人，他们很融入、很了解我的观念，可是他们并不知道我的名字，他们就是那些活在地球上很满足于自身生活、处境的人们。他们知道自己充满了活力，不需要我来告诉他们"他们是重要的"。他讲的是：跟自然、大地、宇宙的本来面目连接得很紧密的那些人，他们认知到自己存在的活力，忽略掉当代的那些信念，因为当代的信念灌输给他们一些不对且造成他们向内收缩的信念。

赛斯说，他们是古老的儿童，他们不会去求学问，也不会去念哲学，这些人根本就不需要我。他说，你们这些来听我讲话的人，其实就是因为你们不满足，对世界充满了疑问，对你自己充满了不信任，对你们的生命不满意、不满足，所以你们才会来。但那些会观察四季运作的人，他们倾听自己的心，他们不需要念我的书。

我一再希望大家读读赛斯，因为我觉得他充满了很美的洞见。但如果你是刚刚讲的那种儿童的话，你并不需要去求知识、学问，只是听你自己的心就好了。

赛斯还说，他们就是自然跟四季的声音，他们认识到他们的来源，可是他们并没有受到所谓的教育，是他们的心告诉他们那些讯息。这是他们的智力没有办法解释的，不过他们知道这是对的，所以我们也不用去跟他们啰唆。他们并不需要认识赛斯的概念，可是他们有认识自己存在的活力跟天赋的权利。天赋的权利就是：你能够活着，你被赋予生命，这就是个礼物。他们认知到这点，就不再需要我了，但你们需要我。

他说新时代跟新纪元是指：揭开不同次元之间的面罩，揭开我们的意识，跟我们的过去、现在都有联系，跟我们的可能性、我们平行的自己都有联系。意识扩大，觉知扩张。

赛斯说，他所讲的话只是我们心灵声音的一个不起眼的代替品，只是个模拟的东西。他说，如果自己能够倾听自然、喜爱生命、充满活力，就不需要赛斯。而如果你满足于自己的存在，心中充满了欢喜，你就不会排斥、看不起不懂赛斯的人。

有一个人跟赛斯说，他朋友不懂赛斯，所以他不想跟她来往。我也认识这样子的人，我自己可能也会在意这一点。他问赛斯，该怎么做？赛斯说，确实有这样子的人存在。刚刚讲到的儿童，他们对于生命的活力充满了信任，他们只听自己的心声就好，何需赛斯来代言。所以赛斯说，如果你朋友了解自己灵魂的讯息，那还要求什么？是你不懂才要去追求。

我不是贬低理性，其实我也是蛮理性的人。当你还没有直接感应、直接体会他所说的那种境界的话，正如赛斯或者别的大师所说，只要是正面、光明、充满爱的信息，都是对我们的提醒。赛斯只是提醒我们"本来如此"，提醒我们所遗忘了的事情。如果你已经了解，你就不需要赛斯了。可是如果你还没有达到，看这些东西会帮助你想起来，你会说："喔！原来如此！"于是，你就找回本来应有的那份喜悦了。

有关2012的高灵传讯

再来讲一讲其他有关2012的说法。

在早期课时，人家问赛斯：会不会有世界末日、地球毁灭？他说，除非地球上的每一个人都在同一个时候，有共同的意念、信念，都相信这地球完了。为什么要一直提醒大家，要赶快把你的爱、信任投射到集体意识里面？因为，大家都一起提升、提高频率，就不会有集体毁灭发生了。

赛斯说，很简单，只要投射新的思想形式到形成界（形成界就是某个具体的地方），一个有爱、和平、喜乐、和谐的新实相即能瞬间显现。只不过大多数人不知道自己就是创造自己实相的人，不知道集体的力量，以为世界永远不会改变。为什么集体的力量很强？因为越多人投入正面意识进去的话，就越有效。所以我才说，我们活在这个世界上能干什么？我们要做的就是达到我们的理想，追求真善美，大家一起，力量大起来才能实现不可能的梦。

彼得·奥图演的西班牙电影《堂吉诃德》里，有一首歌叫做《不可能的梦》，我非常喜欢这首歌，刚好尼尔也在提这个，简直太美了！那是一个幻想，在幻想中，一个酒店的侍女就变成了他心目中的公主。可见所谓理想的境界，就是按照我们的理想去看的世界。所以我们的理想越高，看到的东西就越好，这就是要坚持创造一个具有真善美的理想主义的原因。尼尔还说，衷心祈求就能够提升频率。

对自己要有信心

我在网络上看到一个叫做小祖母的人，她其实是很年轻漂亮的一个女孩子，她叫姬夏，是加拿大人。她讲的不多，她叫大家不要担心,她说只要开悟,活在爱、光与喜悦里,不用恐惧,到2012年,我们的地球就会像天堂一样。她说,假如遇到诸如"黑暗三日"的状况,只要很平静地跟家人在一起,大的转变很快就会过去,不会很久,几分钟就过去了,之后就会改变我们的心意和生活态度,反正之后会是自然的、很好的一个世界。

还有一个很奇怪的说法。有一个美国男性,他在电视网上面讲(听说以后还要出书),虽然天琴星来的人是我们人类的共同祖先,可他们现在已经退休了,退休以后在天上就是所谓的菩萨。菩萨是已经退休的一族,他们很喜欢环形的生活。我想环形生活的意思可能是指轮回。他说的应该是指导灵跟守护灵,也就是所谓神秘学常常讲的,有个元老会议,人要来世间以前要经过元老会的同意,以此决定你要来干吗,走的时候也要经过元老会的决定,看看你这一辈子完成了什么。他们这一族的人通通是元老,就是菩萨,像个神话故事。

我想大家一定看过《绿野仙踪》。其实我觉得,很多童话、神话根本不是儿童的故事,是给大人看的,因为我们大人一眼就看出来那个故事到底在讲什么。比如那个狮子,本是狮子却像病猫,因为没有自信、没有勇气,所以就变成病猫,变成看到狗却被狗追的那种狮子。那铁人没有心,因为没有装心,只有铁的外壳,好像很硬,可是他看到别人受苦就会哭,就生锈、卡住不能动了。其实他是充满爱的,可是他以为他没有心所以不会爱。有时候我们说:这个人脑子里像装着稻草。故事里的稻草人说他没有脑子,自己很笨,可是每次碰到危险，都是他想出计策来的，所以他是最聪明的一个。

我们大家也是一样，都把自己贬低了。这个社会、家庭、传统又助长了这种风气，觉得这才是谦虚、有道德的，觉得自己很差，才能够尊敬别人。其实刚好相反，如果我们觉得自己很差，就只会嫉妒别人、恨别人；如果我们对自己很满意，自己也感觉很满足时，才会看到别人的美好，包容别人的不完美以及自己的不完美。所以，千万要有信心，对自己的人性要有信心，对自己的神性也要有信心。

赛斯有句像暮鼓晨钟一样的话：如果你相信爱你自己有错的话，那么，你就的确无法爱任何人！

流浪者之歌

《一的法则》讲到流浪者，我觉得很有趣，因为我觉得自己也是流浪者。书里那个流浪者的主要使命是：以开放与灿烂的心胸迎接当下，让无限的爱穿过我们，融入整个地球。我想，大家也可以在自己心里面找到"自己是流浪者"的那种声音。

流浪者说，我们尝试的最困难的一件事就是：成为我们最深层、最真实的自我。他同时为这个世界感到忧伤和喜乐，他觉得这是一种令人困惑的感觉，因为他很关心这个世界，可是又觉得其实自己是不用担心的。他说他不会通灵，可是对于灵性事物却有特殊的感觉，他喜欢音乐，喜欢大自然、动物，他感觉自己是来自外星球的。他说，当你感觉你自己是个流浪者的话，你就是。哈哈，好像在说我呢！

世俗的人追求具体的东西，喜欢形而上的人追求事物的本质。这个领悟很重要。有一个故事我一直忘了跟大家分享，我觉得很有趣。一个信佛的人跟一个基督徒辩论哪一个师父比较殊胜？基督徒说，你看，我们的神那么好，《圣经》上讲，有一个人的儿子死了，他跑来跟耶稣哭诉，他对耶稣说："我的儿子死掉了，我实在是太痛苦了，你帮我救救我儿子！"结果耶稣就很慈悲地把他儿子救活了，所以他的神真好，可以让死人复活。这是解决之道。

可是在信佛的人这边，有一个故事大家应该也都听过：有一个妈妈，她的儿子死了，她跑来跟佛求情说："我儿子死了，你能不能把他救活？结果佛没有马上把他救活，而是对妇人说："你先到村里找一家没有死过人的家庭，跟他们要一些米或水过来，那我就可以帮你救活你的儿子。"这位丧子的妈妈去了很久，挨家挨户走遍全村，结果没有一家没有死过人。佛说，你看，这就是无常，本来人生就是有生有死，人是必然会死的，所以你就不用去解决这个问题。本来它是一个问题，但它现在不成问题了，佛把这个问题化解了。

一个是"解决"之道，一个是"化解"之道。我自己听了以后，就觉得这表现出这两种宗教本质上的差异，它们的着重点不同。一个是慈悲，管它是不是真的永久有效，就是要帮助他人度过苦难。一个着重的是智能，不是知识问题，不是理论问题，而是智慧问题。所以我觉得这两个途径都很有趣。新时代则是这两个都不用，本来就没有死亡这回事，所以更厉害。

大家都想追求完美，赛斯在《灵魂永生》里讲的一段话很有趣。他说，你们给发展与成长赋予的概念，暗示着一个只能朝向完美的单线程序，暗示一个完成或结束了的神（或一切万有），会闷死他的创造物，因为已经完了，已经冻结了，已经完美了，就没有变化了。他说，因为完美预设了一个点，而创造力是不可能超过那个点而发展的，所以创造力已经到了尾声。

从另一个观点来讲的话，这是非常有智慧的，这根本是一个流变不居的宇宙，没有结束也没有完结，只是一直在体验、经验。

我的结论是，我们讲"为学日益，为道日损"，我们也讲求道或不求道这个问题。人生是不管你求道不求道，你都在自己选择的道（过程）上，你总有一天会得道开悟。可是在理性上，在还没有得道以前，我们会有很多疑惑、问题，自然会一直去看书，一直去求这个道。当你已经累积了一些知识，就要经过体验才会变成智慧，那个时候你就知道，没有什么好求的，你已经都明白、体会了。

我喜欢并且推荐赛斯，并不是把他当做神，或是唯一的老师，而是他为有形跟无形的世界、宇宙的生成跟发展，以及变化的整个经过做了最好的诠释，他讲得最好！但是，赛斯一再强调，他只是我们每一个人灵魂心声的代言人，如果你不相信自己和世出世间的美好，不相信自己是无罪的、受宠爱的，坚持紧抓着旧时代的宗教、科学、宇宙观的人，才需要他一再提醒。如果我们像小孩一样，对生命充满了好奇、期待，信赖自己的生命力跟安全感，接纳所有的一切，我们就不需要赛斯，也不需要古老的神祇了。

现在，旧时代还没走，新时代还没真的全面到来，我们正处在这个交替的过程中。我们不妨常常停下来看一看，原来很多东西是旧时代的遗迹，我们一不小心就会掉回到旧思维、旧的信念系统之中。旧时代的信念把自己限制、贬低、压抑，所以你的心中就有彷徨恐惧的感觉，以为一切都要外求，所以难免自卑、自恨。其实，我们是可以放下这些的。

新的意识像波浪一样一波一波地来，这些意识波随着时间的流逝，形成一个新的波。新时代就是一个新的意识波，展现的是最高层次的感知。如果我们也像所有高灵、大师一样，对世界充满了信望爱，明白灵魂的永生，那么，2012年将不会带来恐惧，而是带来更美好广阔的可能性！

后 记

恰巧在这个时间点，美国波士顿大学考古系发表了他们最新的发现：危地马拉雨林中发掘出的玛雅金字塔古迹，比墨西哥及尤加敦半岛的金字塔群还要古老，规模还要雄伟，其布局与天上昴宿星的仙女位置正对应。更令人震撼的是，其中还发现了最古老的玛雅历笔记。墨西哥的玛雅历只算到2012年12月21日，便戛然而止，所以大家传说那是世界末日的预言。危地马拉出土的历法，是计算到七千年以后的历法，而2012年只是新周期的开始。大家乐观地拭目以待今后的发展吧！当我在为这本书整理我的记忆、思绪和感触的时候，虽然偶尔也掺杂了兴奋和焦虑，但心情是平安又喜悦的。不过，我注意到我的身体确实有一些不明的症状，经过检查才发现是免疫系统失调。

由于我相信赛斯说的："除了先天的残障，身体的病都是心理引起的。"所以，纵使西医认定是基因问题，遗传来的，我仍不禁暗自惭愧，我怎么会有这样的病！不过，赛斯也说，只要一息尚存，什么病都可以痊愈。

再读一遍赛斯的《健康之道》，自己患病的原因突然明朗起来：对人间的恐惧、不适应、抗拒、缺乏安全感，都会启动这种基因。我自小体弱多病，先天不足加上后天失调，所以视生病为理所当然。是赛斯资料给我的信心鼓励，才使我越来越健康，至少比年轻时健康。

那么，为什么到我已"心安"得可以自在弃世时，又冒出来一些症状呢？尤其是邂逅双生子之后，难道是我已回心转意想重返人间了？"免疫系统转而攻击自身细胞"听起来惊心动魄，像是一种自杀行为！该不会是当我有意识地想要弃世时，就无意识地启动了身体潜伏的自杀基因吧！

啊哈！我马上重新设定"重生指令"。每日清晨醒来，先做感恩祈祷。感谢我的神给我爱的滋养照顾，感谢我的身体细胞为我提供长年的服务。我真爱我的身体，请它们好好地活下去。感谢神赐我安全、健康与爱。从此，我只想正面的念头，"信和爱"都不缺，那就重新燃起生之欲，期望自己快乐，也感染周遭的人。本来嘛，自"合一"回来后，我自己独处时也能怡然自得，出外也时时遇见天使。路人甲、路人乙都回给我可爱的笑脸，更别说参与"最后八堂课"的朋友给予我的共鸣和爱，他们更让我一改初衷，要多留几年，看自己还能贡献什么。虽然我曾以为我的天命——译介新时代的好书——已经完成了。

另外，还有一件事。前不久我抽空去除了白内障，两眼大放光明，看书和计算机也不用戴眼镜了！虽然这毛病人人几乎迟早会有，但在这个时间点，不但能"看见光明"，而且连没有憧憬、没有"视野"的半瞎状态也一并消失，令我更觉悟到这些状况的象征意义。正如我在反思过程中发现的，所有的不幸和灾难，我都一一重新看见，包括他所带给我的礼物，从今以后，我也可运用我的新"视界"去创造我的"新世界"。

所以，我忍不住哼唱起有名的圣歌《奇异恩典》：奇异恩典，何等甘甜！我曾盲目，如今又能看见。

我臣服于爱！

Better系列 读者调查

感谢您参加《与神同心》读者调查活动，传真或邮寄此页（附购书小票）回编辑部，即可获得神秘礼品一份（数量有限，赠完为止）。参加此次活动者还将通过邮件不定期收到Better系列的最新出版信息，敬请期待！

Step1 您的基本资料

姓名：_____ 性别：☐女 ☐男

年龄：☐20岁及以下 ☐20-30岁 ☐30-40岁 ☐40-50岁 ☐50-60岁

电话：_____ E-mail：_____

学历：☐高中（含以下） ☐大学 ☐研究生（含以上）

职业：☐学生 ☐教师 ☐公司职员 ☐机关 ☐事业单位 ☐媒体 ☐自由职业

Step2 您对本书的评价

您从哪里得知本书的信息：
☐书店 ☐报纸 ☐杂志 ☐电视 ☐网络 ☐亲友介绍 ☐工作坊 ☐瑜伽馆 ☐其他

读完这本书您觉得：

内容：☐很吸引人 ☐还好 ☐枯燥（请说明原因）_____ ☐您的建议_____

封面设计：☐够酷 ☐还好 ☐没注意 ☐不好（请说明原因）_____
☐您的建议_____

价格：☐偏低 ☐合适 ☐能接受 ☐偏高 ☐您的建议_____

Step3 您的建议

您喜欢哪种类型的书籍：
☐经管 ☐心理 ☐励志 ☐社会人文 ☐传记 ☐艺术 ☐文学 ☐保健 ☐漫画
☐自然科学 其他_____（请补充）

您不喜欢哪种类型的书籍：
☐经管 ☐心理 ☐励志 ☐社会人文 ☐传记 ☐艺术 ☐文学 ☐保健 ☐漫画
☐自然科学 其他_____（请补充）

您给编辑的建议：_____

华夏出版社地址：北京市东直门外香河园北里4号 Better编辑部
邮编：100028 　传真：(010)64662584
Better编辑部 博 客：http://blog.sina.com.cn/betterbookbetterlife
　　　　　　微 博：http://weibo.com/1617597092